kritik & *utopie* ist die politische Edition im mandelbaum *verlag*.
Darin finden sich theoretische Entwürfe ebenso wie Reflexionen aktueller sozialer Bewegungen, Originalausgaben und auch Übersetzungen fremdsprachiger Texte, populäre Sachbücher sowie akademische und außeruniversitäre wissenschaftliche Arbeiten.

AF717198

Silvia Federici

DAS LOHNPATRIARCHAT

Texte zu Marxismus & Gender

übersetzt von Leo Kühberger

mandelbaum *kritik & utopie*

© mandelbaum *kritik* & *utopie*, wien, berlin 2021
alle Rechte vorbehalten

Originaltitel:
Patriarchy of the Wage: Notes on Marx, Gender, and Feminism
(c) 2021 PM Press

Satz: Bernhard Amanshauser
Umschlag: Martin Birkner
Druck: Primerate, Budapest

Inhalt

7 Einleitung

17 Counterplanning aus der Küche

41 Das Kapital und die Linke

50 Gender im *Kapital* von Marx

75 Marxismus, Feminismus und die Commons

109 Die Revolution beginnt zu Hause
Über Marx, Reproduktion und Klassenkampf

136 Die Entstehung der Hausarbeit im England des 19. Jahrhunderts und das Lohnpatriarchat

151 Die Geschichte der Sexarbeit in den USA und Großbritannien

173 Literaturverzeichnis

Quellenangaben

Counter-planning from the Kitchen: New York Wages for Housework Commitee and Falling Wall Press, Bristol 1975, 7–16

Capital and the Left: New York Wages for Housework Commitee and Falling Wall Press, Bristol 1975, 17–23

Notes on Gender in Marx's Capital: in Ingo Schmidt and Carlo Fanelli (Hg.): Reading Capital Today. Marx After 150 Years, Pluto Press, London 2017, 79–96

Marx, Feminism, and the Construction of the Commons: in Shannon Brincat (Hg.): Communism in the 21st Century, Vol. 1.: Rediscovering Marx's Ideas, Praeger, Oxford 2014, 171–194

Revolution Begins at Home: Rethinking Marx, Reproduction, and the Class Struggle: in Marcello Musto (Hg.): Marx After 150 Years. Critiques and Alternatives to Capitalism, Routledge, New York 2019, 125–144

The Construction of Domestic Work in Nineteenth-Century England and the Patriarchy of the Wage: verfasst 2016, erstmals publiziert auf Spanisch in Silvia Federici: El Patriarcado del Salario, Criticas Feministas a Marx, Traficantes de Suenos, Madrid 2018

Origins and Development of Sexual Work in the United States and Britain: verfasst 1975, erstmals publiziert auf Französisch in Silvia Federici: Le Capitalisme Patriarcal, La Fabrique Editions, Paris 2019, 143–171

Einleitung

Die Feierlichkeiten und Veranstaltungen zum 150. Jahrestag der Veröffentlichung des Marxschen *Kapital* machten deutlich, welche Kraft der Marxschen Theorie noch immer innewohnt, und brachten Wissenschafter*innen, die ihr Leben dem Studium seines Werks widmen, mit jüngeren Aktivist*innen zusammen, die durch eine scheinbar lang anhaltende Krise des Kapitalismus – Beinahe-Zusammenbruch des globalen Finanzsystems im Jahr 2008, schrumpfende Wachstumsraten, düstere Ausblicke auf die wirtschaftlichen Folgen der Covid-Pandemie, die, wie nicht wenige überzeugt sind, härter als jene der Großen Depression des Jahres 1929 sein werden – von seinem Werk angezogen wurden.

Auch unter Feministinnen gibt es ein neuerliches Interesse an Marx, zum Teil aufgrund der sich verschärfenden Krise der gesellschaftlichen Reproduktion und zum Teil als Reaktion auf die postmodernen Trends, die durch ihre Ablehnung von umfassenderen Gesellschaftstheorien und durch ihre Betonung der kulturellen Diversität unserer Fähigkeit, als Feministinnen eine Kritik der kapitalistischen Verhältnisse zu liefern, Grenzen setzten.

Die feministische Rückbesinnung auf Marx macht deutlich, dass seine Methodologie und seine Kritik des Kapitalismus noch immer eine notwendige Grundlage sind, um die Ausbeutung von Frauen im Kapitalismus analysieren zu können. Es ist in der Tat schwierig, selbst nach den Veränderungen, die der Kapitalismus seit Marxens Zeiten durchmachte, über die gegenwärtige gesellschaftliche Realität nachzudenken, ohne dabei wieder *Das Kapital* oder die *Grundrisse* zur Hand zu nehmen. Marx liefert uns eine Sprache und die notwendigen Kategorien, um über den Kapitalismus als Ganzes nachdenken und die Logik, die seine Reproduktion antreibt, verstehen zu können.

Feministinnen eigneten sich beispielsweise die Marxsche Analyse der Reproduktion der Arbeitskraft an und erweiterten sie um reproduktive Tätigkeiten, die bei Marx nicht vorkommen, denn diese sind sowohl für die Extraktion der Mehrarbeit als auch für die Reproduktion des Klassenkampfs von entscheidender Bedeutung.

Eine feministische Perspektive führt uns – nicht weniger als die antikoloniale und antirassistische Kritik – die Grenzen der Marxschen politischen Theorie vor Augen. Diese Perspektive macht deutlich, dass die Marxsche Theorie sich eines ausschließenden Begriffs von Arbeit und revolutionären Subjekten bedient, die strategische Bedeutung der Hausarbeit im Prozess der kapitalistischen Akkumulation ignoriert und die auf Gender beruhenden Unterschiede in einer körperlosen Konzeption von Arbeit einebnet.

In diesem Kontext verfolgt das Buch ein doppeltes Ziel: Zum einen werde ich zeigen, dass es sich dabei nicht um vernachlässigbare Auslassungen im Marxschen Werk handelt. Indem er die kapitalistische Produktion und die Lohnarbeit als die zentralen Felder des Klassenkampfs begriff und einige jener Tätigkeiten vernachlässigte, die am wichtigsten sind, um unser Leben zu reproduzieren, lieferte uns Marx nur einen unvollständigen Einblick in das kapitalistische System und unterschätzte dessen Anpassungsfähigkeit wie seine Fähigkeit, Teile des Proletariats für eine sexistische und rassistische Politik zu mobilisieren. Insbesondere die fehlende theoretische Berücksichtigung der reproduktiven Arbeit hinderte ihn daran, wichtige strategische Entwicklungen des Kapitalismus zu antizipieren, beispielsweise die Durchsetzung einer neuartigen proletarischen Familie, die auf der unbezahlten Hausarbeit von Frauen beruhte und in Verbindung mit erheblichen Lohnsteigerungen am Beginn des 20. Jahrhunderts zur Grundlage eines neuen, informellen Geschlechtervertrags und einer neuen patriarchalen Ordnung wurde, die ich Lohnpatriarchat nenne und die große Bereiche der männlichen Arbeitskraft befrieden konnte. Der Klassenantagonismus wurde in erheblichem Maße entschärft, weil sich die Männer die Macht, die sie am Arbeitsplatz verloren hatten, zu Hause auf Kosten der Frauen zurückholen konnten.

Zum anderen versuche ich in diesem Buch, jene Aspekte der Marxschen Analyse zu benennen, die mit einer feministischen antikapitalistischen Theorie und Praxis, die sich der Eliminierung jedweder Form der Ungleichheit und Ausbeutung verpflichtet sieht, unvereinbar sind. Daher greift das Buch eine Reihe von Fragen auf, die für die feministische Auseinandersetzung und die Kritik an Marx zentral waren.

Erstens, die Frage der „Arbeit“ als Instrument der kapitalistischen Akkumulation und als Feld der Konfrontation zwischen Arbeiter*innen und Kapital. Was brachte Marx und seine Anhänger*innen dazu, Arbeit bloß als Arbeit in der Industrie und als Lohnarbeit zu begreifen? Im Beitrag *Die Revolution beginnt zu Hause* unternehme ich einen kurzen historischen Streifzug, um den Prozess zu skizzieren, der dazu führte, dass zur Mitte des 19. Jahrhunderts die Lohnarbeit in Europa zur einzigen institutionell anerkannten Form der Arbeit wurde. Das Hauptargument, das sich durch das gesamte Buch zieht, ist aber, dass es, wollen wir einen Begriff davon bekommen, was Arbeit ausmacht, eine feministische Perspektive braucht – denn erst diese macht deutlich, in welchem Maße der Kapitalismus auf unbezahlte Arbeit angewiesen ist, und wie jeder Aspekt des weiblichen Körpers und des Lebens von Frauen in Produktivkräfte verwandelt wurde, und wie sich große Bereiche der Arbeit in kapitalistischen Gesellschaften der Mechanisierung verweigern, wodurch auch die Marxsche Überzeugung, die Industrialisierung würde die notwendige Arbeit dramatisch reduzieren und Zeit für andere Dinge freisetzen, infrage gestellt wird.

Ein zweites zentrales Thema dieses Buches sind die Spaltungen, die der Kapitalismus im Weltproletariat anrichtete, angefangen bei sexueller und rassistischer Diskriminierung. In seinen Schriften und seinen Wortmeldungen als Sekretär der Ersten Internationale verurteilte Marx sowohl die patriarchalen Verhältnisse als auch den Rassismus, aber wir finden in seinem Werk keine wirkliche Analyse der Hierarchien der Arbeit, die der Kapitalismus im Laufe seiner Geschichte schuf, insbesondere im Hinblick auf „Rasse“[1] und Gender und die daraus resultierenden Folgen sowohl für das Verstehen der kapitalistischen Entwicklung als auch der Klassensolidarität. Auch hier ist eine feministische Perspektive unverzichtbar. Diese zeigt nämlich,

1 Der Begriff race wurde generell als „Rasse“ in Anführungszeichen übersetzt, um zu betonen, dass er sich auf Bevölkerungsgruppen bezieht, die im Zuge eines Rassifizierungsprozesses zu „Rassen“ gemacht werden. „Rasse“ ist also sozial konstruiert und keine biologische oder essenzialistische Kategorie. (Anm. d. Übers.)

dass Sexismus, wie Rassismus oder Altersdiskriminierung, ein strukturelles Element der kapitalistischen Entwicklung ist, das für jede wirkliche gesellschaftliche Transformation ein Hindernis darstellt und nicht, wie Marx und Engels es sich vorstellten, überwunden werden kann, indem die Frauen an der Seite der Männer in die Fabriken strömen.

Nicht zuletzt plädiere ich dafür, dass Feministinnen hinsichtlich der emanzipatorischen Rolle, die Marx und die marxistische Tradition der Wissenschaft, Industrie und Technologie zuschrieben, deren Entwicklung Marx als die „historische Aufgabe" (MEW 25: 457) des Kapitalismus betrachtete, kritisch sein müssen. Mehr noch, Feministinnen müssen die emanzipatorische Rolle, die Marx dem Kapitalismus insgesamt zuschrieb, den er als die rationalste Organisation der Arbeit und Produktion und als höchste Form der gesellschaftlichen Kooperation verstand, infrage stellen.[2] Neben seiner Blindheit gegenüber der Reproduktionsarbeit und seiner Unterbewertung der Hierarchien der Arbeit und der kolonialen Beziehungen ist sein Glaube an die schlussendlich „fortschrittliche" Rolle des Kapitalismus sicher der problematischste Aspekt seines Werks. Die Sozialist*innen des 20. Jahrhunderts verstanden die kapitalistische Entwicklung als Ziel des revolutionären Prozess, ganz in Übereinstimmung mit der Argumentation Lenins: „Und aus diesen Leitsätzen folgt, daß es ein reaktionärer Gedanke ist, die

2 Marx schreibt dazu: „Es ist eine der zivilisatorischen Seiten des Kapitals, daß es diese Mehrarbeit in einer Weise und unter Bedingungen erzwingt, die der Entwicklung der Produktivkräfte, der gesellschaftlichen Verhältnisse und der Schöpfung der Elemente für eine höhere Neubildung vorteilhafter sind als unter den frühern Formen der Sklaverei, Leibeigenschaft usw." (MEW 25: 827)

Erlösung der Arbeiterklasse in irgend etwas anderem zu suchen als in der weiteren Entwicklung des Kapitalismus. In solchen Ländern wie Rußland leidet die Arbeiterklasse nicht so sehr unter dem Kapitalismus als vielmehr unter der ungenügenden Entwicklung des Kapitalismus. Die Arbeiterklasse ist daher an der breitesten, freiesten und raschesten Entwicklung des Kapitalismus unbedingt interessiert." (Lenin Werke Bd. 9: 37)

Die gesamte marxistische Tradition ging wie Lenin davon aus, dass der Kapitalismus als höhere Form der gesellschaftlichen Organisation, die den gesellschaftlichen Reichtum vergrößere, die notwendige Arbeitszeit reduziere und durch eine groß angelegte Industrialisierung die materiellen Grundlagen für den Kommunismus schaffe, unvermeidbar und notwendig sei. In Wirklichkeit schufen die kapitalistische Industrie und Technologie nicht, wie Marx glaubte, die materiellen Voraussetzungen für eine kommunistische Gesellschaft, vielmehr zerstörten sie die Erde und brachten zugleich neue Bedürfnisse hervor, die es heute so schwierig machen, an eine „Revolution" überhaupt zu denken – denn der Aufbau einer gerechten Gesellschaft, die von einem gleichberechtigten Zugang zum natürlichen und gesellschaftlichen Reichtum gekennzeichnet ist, kann durchaus damit einhergehen, den Zugriff auf Technologien einzuschränken, die für unser Leben anscheinend unverzichtbar geworden sind.

Mir ist es jedoch wichtig zu betonen, dass diese kritische Haltung gegenüber manchen Aspekten der Marxschen politischen Theorie nicht dazu führen soll, sein Werk über Bord zu werfen oder dessen Bedeutung nicht anzuerkennen. Wir wissen mittlerweile, dass sich Marx seiner Theorien selbst häufig nicht sicher war, was wohl auch der Grund war, warum er den zweiten und dritten Band des *Kapital* nicht zu seinen Lebzeiten veröffentlichte und uns mehrere Überarbeitungen seiner Texte hinterließ. (Vgl. van der Linden/Roth 2009: 7f.) Wir wissen auch, dass er später seine Vorstellung vom richtigen Weg zur Revolution korrigierte und im Austausch mit den russischen Populisten zum Schluss kam, das russische Proletariat müsse nicht zwingend eine kapitalistische Phase durchlaufen, um den Kommunismus aufzubauen, sondern könnte auf Grundlage der bäuerlichen Gemeinschaften zu einer kommunistischen Gesellschaft übergehen, vorausgesetzt jedoch, es käme zu einer Revolution in Europa. In dieser Zeit lernte er durch die Lektüre von Lewis Henry Morgans 1877 veröffentlichter *Urgesellschaft* die Kulturen und Errungenschaften vorindustrieller Gesellschaften, beispielsweise in den Amerikas, schätzen. (Vgl. Rosemont 1989: 201–213) Darüber hinaus schrieb er 1872 mit Friedrich Engels im Vorwort für das *Kommunistische Manifest* im Gegensatz zum Original aus dem Jahr 1848 folgendes: „Namentlich hat die Kommune den Beweis geliefert, daß die Arbeiterklasse nicht die fertige Staatsmaschine einfach in Besitz nehmen und sie für ihre eigenen Zwecke in Bewegung setzen kann." (MEW 18: 96) Daher ist es durchaus denkbar, dass er sich mit der Frage beschäftigte, ob sich die Arbeiter*innenklasse die kapitalistische Technologie tatsächlich einfach aneignen und für positive Zwecke nutzen könne, und es ist auch denkbar, dass er mit der Zeit die Bedeutung des Feminismus zu verstehen begann, den er oft als Kampf für bürgerliche Rechte abgetan hatte.

Für uns besteht die Herausforderung nun darin, darüber nachzudenken, welchen Beitrag ein überarbeiteter Marxismus für die feministische Theorie und politische Praxis leisten kann. Hier beschränke ich mich zuvorderst darauf, die wichtigsten Ursachen für die schwierige Ehe zwischen Marxismus und Feminismus zu erörtern.

Die Texte in diesem Band sind über einen langen Zeitraum hinweg entstanden: Zwei Texte wurden bereits in den 1970er-Jahren verfasst, die anderen Beiträge stammen aus den letzten zwanzig Jahren. Jeder von ihnen stellt also einen bestimmten Moment in der Entwicklung des feministischen Diskurses über Marx dar und versucht zugleich, eine Antwort auf die Frage zu geben, die Sharzad Mojab gestellt hat: „Wie können wir diese ‚erste tiefe Kluft der Geschichte' überwinden und die beiden wichtigsten emanzipatorischen Projekte, den Marxismus und den Feminismus, zusammenbringen, um für einen ‚Durchbruch' zu sorgen, den wir heute so dringend brauchen?" (Mojab 2015: 18)

Die Beiträge *Counterplanning aus der Küche* und *Das Kapital und die Linke*, die ich zusammen mit Nicole Cox verfasst habe, stammen aus der Zeit, als ich in der Kampagne „Lohn für Hausarbeit" aktiv war und es uns wichtig war, einerseits der Kritik aus der Linken, die darauf bestand, die Hausarbeit sei ein Überbleibsel aus einer vorkapitalistischen Welt, etwas entgegenzusetzen und andererseits auf die liberalen Feministinnen zu reagieren, die diese als ganz idyllisch beschrieben, als letzten Außenposten, um Familienbeziehungen zu schaffen, die frei von der Herrschaft des Marktes und der Einmischung durch den Staat seien. Der polemische Ton dieser beiden Texte spiegelt die Intensität der Debatte wider, die unsere Thesen auslösten, eine Debatte, die mich dazu brachte, der Geschichte der kapitalistischen Entwicklung nachzugehen, zum Teil auch, um der Entstehung der Hausarbeit und dem spezifischen Charakter der Genderdiskriminierung im Kapitalismus auf den Grund zu gehen.

Gender und Reproduktion im Marxschen Kapital wurde erst später verfasst, teils angeregt durch das neue feministische

Interesse an Marx, teils, um zu zeigen, dass Marx jeden Hinweis auf die reproduktive Arbeit der Frauen ausließ und Unterschiede der Geschlechter auf Unterschiede in den Arbeitskosten reduzierte.

Marxismus, Feminismus und die Commons war eine kritische Replik auf die theoretische Auseinandersetzung der autonomen Marxist*innen mit der neuen Phase kapitalistischer Entwicklung, die sie als „kognitiven Kapitalismus" bezeichneten, womit sie wohl Marxens Vorhersage, wonach der Kapitalismus die Bedingungen seiner eigenen Überwindung schaffe, erfüllen wollten. Während Antonio Negri und Michael Hardt die Digitalisierung der Arbeit als Instrument betrachten, das den Arbeiter*innen mehr Autonomie gegenüber dem Kapital verleihe, betone ich in meinem Text, dass die digitalen Technologien heute das zerstören, was von der Natur noch übrig ist, und den Extraktivismus befeuern, der Ökosysteme auf der ganzen Welt vernichtet.

Die letzten beiden Kapitel in diesem Buch, über die *Geschichte der Hausarbeit im England des 19. Jahrhunderts* und die *Ursprünge und die Geschichte der Sexarbeit in den Vereinigten Staaten und Großbritannien*, zeigen die Notwendigkeit, die Marxschen Begriffe vom planenden Kapital und vom Klassenkampf zu erweitern. In diesen Texten untersuche ich den Ursprung damals neuartiger Investitionen des Kapitals in die Reproduktion der Arbeitskraft zu Beginn des 20. Jahrhunderts sowie das staatliche Interesse an der Regulierung der Familienverhältnisse und der Sexualität, um eine produktivere Arbeiter*innenklasse hervorzubringen. Diese Texte zeigen, dass die Reproduktion der Arbeitskraft, entgegen der Marxschen Annahme, nicht allein durch den Markt erfolgt, und dass der Klassenkampf nicht nur in den Fabriken, sondern auch in unseren Körpern stattfindet – und nicht nur zwischen Arbeit und Kapital ausgetragen wird, sondern auch innerhalb des Proletariats, wo Männer, besonders wenn sie entlohnt werden, akzeptieren, dass sie innerhalb der Familie und der Gemeinschaft im Hinblick auf Frauen der Repräsentant des Staates sind.

Counterplanning aus der Küche

mit Nicole Cox

*„Seit Marx wissen wir, dass das Kapital durch den Lohn herrscht und sich entwickelt, das heißt, dass das Fundament der kapitalistischen Gesellschaft die Lohnarbeiter*in und seine/ihre direkte Ausbeutung ist. Den Organisationen der Arbeiter*innenbewegung war aber nicht bewusst, und sie hatten nicht mal eine Ahnung in diese Richtung, dass durch den Lohn auch die Ausbeutung der unbezahlten Arbeiter*innen organisiert wurde. Diese Ausbeutung funktionierte sogar noch effektiver, weil sie, wenn es keinen Lohn gibt, ganz unsichtbar ist. (…) Die Frauenarbeit erscheint daher als persönliche Dienstleistung außerhalb des Kapitals."*

(Dalla Costa und James 1973: 2)

Es ist kein Zufall, dass in den letzten Monaten mehrere linke Zeitschriften Angriffe auf die Kampagne „Lohn für Hausarbeit" veröffentlichten. Die Linke ist sich bewusst, dass diese Perspektive weit über die „Frauenfrage" hinausgeht und einen Bruch mit ihrer Politik sowohl in der Vergangenheit als auch in der Gegenwart bedeutet, nicht nur für Frauen, sondern auch für andere Teile der Arbeiter*innenklasse. In der Tat ist die sektiererische Haltung der Linken im Hinblick auf die Kämpfe von Frauen bloß eine Folge ihres sehr eingeschränkten Verständnisses davon, wie der Kapitalismus seine Herrschaft ausübt und welche Richtung der Klassenkampf einschlagen muss, um diese Herrschaft zu brechen.

Die Linke definierte im Namen des „Klassenkampfs“ und der „gemeinsamen Interessen der Arbeiterklasse“ stets ausgewählte Teile der Arbeiter*innenklasse als revolutionäre Subjekte und verdammte andere dazu, in diesen Kämpfen eine untergeordnete Rolle zu spielen. Die Linke reproduzierte in ihren organisatorischen und strategischen Absichten also jene Klassenspaltungen, die für die kapitalistische Arbeitsteilung charakteristisch sind. Die Linke war also, wenn man so will, trotz ihrer taktischen Unterschiede in strategischer Hinsicht durchaus geeint. Wenn es um die Wahl des revolutionären Subjekts geht, reichten Stalinist*innen, Trotzkist*innen, Anarchist*innen und Libertäre, die Alte und die Neue Linke mit den gleichen Voranahmen und Argumenten einander für die gemeinsame Sache die Hände.

Sie bieten uns „Entwicklung“ an

Da die Linke den Lohn als Trennlinie zwischen Arbeit und Nicht-Arbeit, Produktion und Schmarotzertum, potenzieller Macht und Machtlosigkeit akzeptierte, entging ihrer Analyse und ihrer politischen Strategie die unglaubliche Menge unbezahlter Arbeit, die von Frauen für das Kapital geleistet wird. Die ganze linke Tradition von Lenin über Gramsci bis zu Juliet Mitchell war sich einig, dass die Hausarbeit für die Reproduktion des Kapitals und die Hausfrau für den revolutionären Kampf eine marginale Rolle spielen. Geht es nach der Linken, dann leiden Frauen, wenn sie Hausfrauen sind, nicht unter dem Kapital, sondern unter seiner Abwesenheit. Unser Problem scheint zu sein, dass es dem Kapital nicht gelang, in unsere

Küchen und Schlafzimmer vorzudringen, mit der doppelten Konsequenz, dass wir angeblich auf einer feudalen, vorkapitalistischen Entwicklungsstufe verharren, und dass, was auch immer wir in unserer Küche oder in unserem Schlafzimmer tun oder nicht tun, vollkommen bedeutungslos für gesellschaftliche Veränderungen ist. Wenn sich unsere Küchen außerhalb des Kapitals befinden, dann wird unser Kampf logischerweise nicht dazu beitragen, das Kapital zu Fall zu bringen.

Die Linke stellt sich aber nie die Frage, warum das Kapital so viel an unprofitabler und unproduktiver Arbeit zulässt, weil sie immer davon überzeugt war, das Kapital handle irrational und sei nicht der Planung fähig. Diese Analyse, die den Grund für die Unterdrückung der Frau in ihrem Ausschluss aus den kapitalistischen Verhältnissen sieht, führt nun also zu einer Politik, die dafür plädiert, Teil dieser Verhältnisse zu werden, anstatt sie zu zerstören.

In diesem Sinne besteht ein direkter Zusammenhang zwischen der linken Strategie für uns Frauen und der Strategie, die sie der „Dritten Welt" vorschlägt. So wie sie die Frauen in die Fabriken bringen will, will sie die Fabriken in die „Dritte Welt" bringen. In beiden Fällen geht die Linke davon aus, dass die „Unterentwickelten" – also diejenigen von uns, die keinen Lohn bekommen und auf einem niedrigeren Niveau der technologischen Entwicklung arbeiten – im Vergleich zur „echten Arbeiterklasse" rückständig seien und wir nur aufholen könnten, wenn wir Zugang zu einer fortgeschritteneren Form der kapitalistischen Ausbeutung erhielten, also einen größeren Anteil von der Fabrikarbeit bekämen. In beiden Fällen ist also der Kampf, den die Linke den Menschen ohne Lohn, den „Unterentwickelten" vorschlägt, nicht der Kampf gegen das Kapital, sondern für einer rationalere, entwickeltere und produktivere Form kapitalistischer Arbeit. In unserem Fall wird uns also nicht nur, wie jedem Arbeiter, das „Recht auf Arbeit" zugestanden, sondern das Recht, mehr zu arbeiten und noch mehr ausgebeutet zu werden.

Ein neues Kampffeld

Die Kampagne „Lohn für Hausarbeit" beruht aber gerade darauf, sich dieser kapitalistischen Ideologie zu verweigern, die das Fehlen eines Lohns und den geringen Grad an technologischer Entwicklung mit politischer Rückständig-

keit und Machtlosigkeit und am Ende mit der Notwendigkeit gleichsetzt, erst durch das Kapital organisiert werden zu müssen, bevor wir uns selbst organisieren können. Wir lehnen es ab, dass unsere Bedürfnisse aufgrund dessen, dass wir keinen Lohn bekommen oder auf einem geringeren technologischen Niveau arbeiten – zwei Bedingungen, die in einem engen Zusammenhang stehen –, anders sein sollten als die anderer Teile der Arbeiter*innenklasse. Wir weigern uns zu akzeptieren, dass, während männliche Arbeiter in den Autofabriken von Detroit gegen das Fließband kämpfen, ebendieses für alle, die in den Küchen der Metropolen und in den Küchen und auf den Feldern der „Dritten Welt" arbeiten, das Ziel sein soll, während Arbeiter*innen überall auf der Welt zunehmend die Fabrikarbeit verweigern. Unsere Ablehnung linker Ideologie entspricht der Ablehnung, die wir gegenüber der kapitalistischen Entwicklung als Weg zur Befreiung hegen, oder genauer gesagt: unserer Ablehnung des Kapitalismus in jedweder Form. Diese Ablehnung beinhaltet eine Neubestimmung dessen, was der Kapitalismus und wer die Arbeiter*innenklasse ist – das heißt eine Neubewertung der Klassenkräfte und der Bedürfnisse der Klasse.

Der „Lohn für Hausarbeit“ ist daher nicht eine neue Forderung unter vielen, sondern eine politische Perspektive, die, angefangen bei den Frauen, aber in der Folge für die ganze Arbeiter*innenklasse, ein neues Kampffeld eröffnet. Das muss an dieser Stelle betont werden, denn bei den Angriffen der Linken ist es üblich, die Kampagne bloß auf eine weitere Forderung zu reduzieren, weil sie sich dadurch leichter diskreditieren lässt und die politischen Fragen, um die es eigentlich geht, verdeckt werden.

So gesehen ist der Text von Carol Lopate ein weiteres Beispiel für Verkürzung, Verzerrung und Ablenkung. Bereits der Titel *Women and Pay for Housework*, *Frauen und die Bezahlung der Hausarbeit*, stellt das Thema falsch dar, denn damit wird ignoriert, dass der Lohn nicht nur ein wenig Geld ist, sondern der wesentliche Ausdruck des Machtverhältnisses zwischen Kapital und Arbeiter*innenklasse. Es ist bezeichnend, dass Lopate eine Formel erfinden muss, um eine Position zu benennen, die so nie formuliert werden könnte. Aber vielleicht rührt das aus dem Bedürfnis, dass wir „schwammig in unseren Vorstellungen“ sein müssen, was sie eindeutig auf unser Schicksal als Frauen zurückführt.

Eine etwas subtilere Form der Diskreditierung ist die Behauptung, diese Perspektive sei aus Italien übernommen und spiele für die Situation in den USA, wo die Frauen „zur Arbeit gehen“, keine Rolle .[1] Das ist ein weiteres Beispiel der Fehlinformation. *Die Macht der Frauen und der Umsturz der Gesellschaft*

1 „Die Forderung, Hausarbeit zu entlohnen, kommt aus Italien, wo die überwiegende Mehrheit der Frauen in allen Klassen zu Hause bleibt. In den Vereinigten Staaten gehen mehr als die Hälfte der Frauen einer Arbeit nach.“ (Lopate 1974: 9)

(1973), der einzige Text, der bei Lopate Erwähnung findet, betont gerade die internationale Dimension, aus der die Kampagne entstanden ist. Darüber hinaus ist es für die gegenwärtige Phase der internationalen Integration des Kapitals nicht von Bedeutung, die Ursprünge der Kampagne geografisch zu verorten. Entscheidend ist ihre politische Genese. Also die Weigerung, Arbeit und Ausbeutung nur im Kontext des Lohns zu sehen. Die Weigerung, zwischen Frauen, die „arbeiten", und Frauen, die „nur Hausfrauen" sind, zu unterscheiden, denn das bedeutet, dass Hausarbeit keine Arbeit wäre und die Frauen

nur in den Vereinigten Staaten arbeiteten und kämpften, weil viele von ihnen einen Nebenjob haben. Man ignoriert damit, dass das amerikanische Kapital nicht nur auf Lohnarbeit, sondern auch auf Sklavenarbeit gebaut wurde und bis heute von der unbezahlten Arbeit von Millionen Frauen und Männern auf den Feldern, in den Küchen und den Gefängnissen in den USA und überall auf der Welt profitiert.

Die unsichtbare Arbeit

Wenn wir mit uns selbst, als Frauen, beginnen, wissen wir, dass Arbeit für das Kapital nicht unbedingt bedeutet, dass wir einen Lohnzettel bekommen und diese Arbeit an den Fabriktoren beginnt und endet. Denn sobald wir unsere Köpfe von den Socken, die wir gerade flicken, und dem Essen, das wir gerade kochen, abwenden und auf unseren ganzen Arbeitstag blicken, sehen wir, dass wir zwar keinen Lohn bekommen, aber nichtsdestotrotz das wertvollste Produkt erschaffen, das auf dem kapitalistischen Markt feilgeboten wird: Arbeitskraft. Hausarbeit ist in der Tat viel mehr als Putzen. Sie dient den Lohnarbeitern physisch, emotional und sexuell und sorgt dafür, dass diese am nächsten Tag wieder fit zur Arbeit gehen können. Diese Arbeit beinhaltet, dass wir uns um die Kinder – die zukünftigen Arbeiter*innen – kümmern und sie von Geburt an unterstützen, sie durch die Schulzeit begleiten und sicherstellen, dass sie einmal die Leistung erbringen werden, die im Kapitalismus von ihnen erwartet wird. Das bedeutet, dass hinter jeder Fabrik, jeder Schule, jedem Büro und jedem Bergwerk die unsichtbare Arbeit von Millionen Frauen steckt, die ihr Leben und ihre Arbeit darauf verwendet haben, die Arbeitskräfte zu produzieren, die in den Fabriken, Schulen, Büros und Bergwerken arbeiten.[2]

Die Verfügbarkeit einer stabilen und disziplinierten Arbeitskraft ist in jeder Phase der kapitalistischen Entwicklung eine wesentliche Bedingung für die Produktion. Deswegen sind bis heute sowohl in den „entwickelten" als auch in den „unterentwickelten" Ländern Hausarbeit und Familie die Stützen der kapitalistischen Produktion. Die Bedingungen unserer Arbeit unterscheiden sich von Land zu Land. In einigen Ländern sind wir gezwungen, eine große Zahl an Kindern zu produzieren, in anderen Ländern wird uns gesagt, wir sollten das unterlassen, besonders wenn wir schwarz sind oder von Sozialhilfe leben oder „Querulant*innen" produzieren könnten. In einigen Ländern produzieren wir ungelernte Arbeiter*innen für die Felder, in anderen produzieren wir gelernte Arbeiter*innen und

2 „Der Ort der Frauen ist in erster Linie die Community, in dem Sinne, dass Frauen dort präsent sind und dort ihre Arbeit verrichten. Aber die Fabrik ist genauso der Ort, wo die Arbeit der Frauen verkörpert wird, auch wenn sie dort nicht auftauchen, weil sie ihre Arbeit an die Männer übertragen haben, die die einzigen sind, die dort präsent sind. Auf dieselbe Art verkörpert die Schule die Arbeit der Frauen, auch wenn sie dort nicht erscheinen, aber sie haben wiederum ihre Arbeit an die Schüler*innen übertragen, die dorthin jeden Morgen zurückkehren, gefüttert, umsorgt und gewaschen von ihren Müttern." (Dalla Costa 1972)

Techniker*innen. Aber in jedem Land sind die unbezahlte Arbeit und die Funktion, die wir für das Kapital ausüben, gleich.

Eine Lohnarbeit anzunehmen, erlöste uns noch nie von der Hausarbeit. Einen Nebenjob zu haben, bedeutete immer nur, weniger Zeit und Energie zum Kämpfen zu haben. Darüber hinaus müssen wir, ob wir nun Vollzeit im Haus oder außerhalb dieses arbeiten, ob wir verheiratet oder alleinstehend sind, viele Stunden an Arbeit aufwenden, um unsere eigene Arbeitskraft zu reproduzieren, und wir wissen nur zu gut um die Tyrannei dieser Aufgabe; denn ein schönes Kleid oder eine neue Frisur sind die Voraussetzungen, um einen Job zu bekommen, ob nun auf dem Heirats- oder auf dem Arbeitsmarkt.

Wir bezweifeln also, dass in den Vereinigten Staaten „den Müttern viel von der Verantwortung für die Sozialisation ihrer Kinder durch die Schulen, Kindertagesstätten und das Fernsehen abgenommen wurde“ und dass „der Rückgang der Haushaltsgröße und die Mechanisierung der Hausarbeit zur Folge hatten, dass der Hausfrau heute potenziell viel mehr Freizeit zur Verfügung steht.“ (Lopate 1974: 9).

Durch Kindertagesstätten und Horte wurde noch nie mehr Zeit verfügbar, die wir für uns selbst verwenden können, sondern nur Zeit, um noch mehr arbeiten zu müssen. Was die Technologie angeht, stellen wir in den Vereinigten Staaten einen Unterschied zwischen der gesellschaftlich verfügbaren Technologie und jener Technologie fest, die es in unsere Küchen schafft. Und auch hier gilt, dass der Umstand, dass wir keinen Lohn bekommen, die Quantität und die Qualität der verfügbaren Technologie bestimmt. „Wenn man nicht stundenweise bezahlt wird, kümmert sich – wenigstens innerhalb bestimmter Grenzen – niemand darum, wie lange man für seine Arbeit braucht.“ (Dalla Costa 1973: 34f.) Wenn die Situation in den USA irgendetwas beweist, dann nur, dass weder Technologien noch ein Nebenjob die Frauen von der Hausarbeit befreien können, und dass die „Produktion eines Technikers nicht weniger anstrengend ist als die Produktion eines ungelernten Arbeiters, wenn zwischen diesen beiden Schicksalen nicht die Weigerung der Frauen steht, kostenlos zu arbeiten, unabhängig davon, auf welchem technologischen Niveau diese Arbeit geleistet wird, die Weigerung der Frauen, nur zu leben, um zu produzieren, unabhängig davon, welcher besondere Typ von Kind zu produzieren ist." (Dalla Costa 1972: 23)

Zu sagen, dass die Arbeit, die wir zu Hause verrichten, kapitalistische Produktion ist, ist nicht Ausdruck des Wunsches, ein legitimer Teil der „Produktivkräfte" werden zu wollen. Produktiv zu sein, ist nur aus kapitalistischer Sicht eine moralische Tugend, wenn nicht gar eine moralische Pflicht. Aus der Perspektive der Arbeiter*innenklasse bedeutet produktiv zu sein, einfach nur ausgebeutet zu werden. Marx erkannte schon: „Produktiver Arbeiter zu sein ist daher kein Glück, sondern ein Pech." (MEW 23: 532) Daher bringt uns das auch nur wenig an „Selbstwertgefühl".[3] Wenn wir aber sagen, dass die Hausarbeit, über die wir uns ja noch immer als Frauen identifizieren, ein Moment der kapitalistischen Produktion ist, dann legen wir unsere besondere Funktion in der kapitalistischen Arbeitsteilung offen und bestimmen die besonderen Formen, die unsere Revolte dagegen anzunehmen hat. Unsere Macht kommt nicht daher, dass irgendjemand unseren Platz im Produktionszyklus anerkennt. Nicht die Produktion, sondern die Macht,

3 „Es kann gut sein, dass Frauen zuerst Lohnempfängerinnen werden müssen, um das Selbstvertrauen und Selbstwertgefühl zu erreichen, die die ersten Schritte zur Gleichberechtigung sind." (Lopate 1974: 9)

diese zu verweigern, war schon immer der entscheidende Faktor in der gesellschaftlichen Verteilung des Reichtums. Wenn wir also sagen, dass wir Kapital produzieren, sagen wir, dass wir es zerstören können und wollen, anstatt uns in eine verlorene Schlacht zu werfen und uns nur von einer Form der Ausbeutung zu einer anderen zu bewegen.

Wir müssen auch klarstellen, dass wir uns nicht „Kategorien aus der marxistischen Welt leihen." (Lopate 1974: 11) Marx beschäftigte sich vielleicht nie direkt mit der Hausarbeit, dennoch sind wir weniger als Lopate darauf aus, uns von Marx zu lösen, da er uns eine Analyse lieferte, die bis heute unersetzlich ist, um zu verstehen, wie wir in der kapitalistischen Gesellschaft funktionieren. Wir vermuten zudem, dass die offensichtliche Gleichgültigkeit, die Marx gegenüber der Hausarbeit an den Tag legte, auf historischen Bedingungen beruht. Wir meinen damit nicht nur den männlichen Chauvinismus, den Marx in einem gewissen Ausmaß mit seinen Zeitgenossen – und nicht nur diesen – teilte. Zur Zeit, als Marx seine Texte verfasste, gab es die auf Hausarbeit basierende proletarische Familie noch gar nicht. Was Marx vor Augen hatte, waren proletarische Communities, in denen die Frauen gemeinsam mit ihrem Mann und ihren Kindern voll beschäftigt waren, jedes Familienmitglied fünfzehn Stunden am Tag in der Fabrik verbrachte und es einfach keine Zeit und keinen Platz für ein „Familienleben" gab. Erst nachdem die Arbeitskraft durch Epidemien und stetige Überarbeitung dezimiert worden war und – entscheidend für diese Entwicklung – Wellen von proletarischen Kämpfen England in den 1830er- und 1840er-Jahren an den Rand einer Revolution gebracht hatten, bestand der Bedarf nach einer stabileren und disziplinierteren Arbeitskraft, und das Kapital sah sich bemüßigt, die proletarische Familie umzugestalten. Die Familie, wie wir sie im „Westen" kennen, ist beileibe keine vorkapitalistische Struktur, sondern wurde vom Kapital für das Kapital als eine Institution geschaffen, die Quantität und Qualität der Arbeitskraft und deren Kontrolle sicherstellen soll. „Wie die Gewerkschaft schützt die Familie den Arbeiter, aber gewährleistet gleichzeitig, daß weder er noch sie jemals etwas anderes als Arbeiter sein werden. Und das ist der Grund, warum der Kampf der Frauen der Arbeiterklasse gegen die Familie entscheidend ist." (Dalla Costa 1973: 48)

Nicht entlohnte Arbeit bedeutet Disziplinierung

Die Familie ist in erster Linie die Institutionalisierung unserer unbezahlten Arbeit und unserer daraus resultierenden Abhängigkeit von den Männern, also die Institutionalisierung einer Spaltung innerhalb der Arbeiter*innenklasse, die uns, aber auch die Männer disziplinierte. Dass wir keinen Lohn bekommen und von ihnen ökonomisch abhängig sind, fesselte die Männer an ihre Jobs, denn damit wurde sichergestellt, dass sie sich, wann immer sie ihre Arbeit verweigern wollten, mit ihrer Frau und ihren Kindern konfrontiert sahen, die von ihrem Lohn abhängig sind. Hier findet sich die Grundlage dieser „alten Gewohnheiten der Männer, aber auch von uns", die, so meint Lopate, so schwer aufzubrechen seien. Es ist kein Zufall, dass es für einen Mann schwierig ist, „nach anderen Arbeitszeiten zu fragen, damit er sich gleichberechtigt in die Kinderbetreuung einbringen kann." (Lopate 1974: 11)[4] Ein Grund, warum Männer nicht Teil-

4 „Die meisten Frauen von uns, die in ihrem Leben für derartige Veränderungen kämpften, sind daran regelmäßig verzweifelt. Erstens waren da die alten Gewohnheiten, die der Männer und unsere, die aufgebrochen werden mussten. Zweitens waren da die tatsächlichen Probleme mit der Zeit. Man kann jeden beliebigen Mann fragen, um zu wissen,

zeit arbeiten können, ist einfach der, dass ihr Lohn für das Überleben der Familie entscheidend ist, sogar dann, wenn die Frau einen zweiten Lohn nach Hause bringt. Und wenn wir „feststellen, dass wir bevorzugt Jobs machen oder suchen, die uns weniger in Anspruch nehmen, damit wir mehr Zeit für den Haushalt haben" (Lopate 1974: 11), dann deshalb, weil wir uns einer intensivierten Ausbeutung, die für uns bedeutet, zuerst in der Fabrik und dann in einem noch höheren Tempo zu Hause aufgezehrt zu werden, verweigern. Die Tatsache, dass wir keinen Lohn für unsere Hausarbeit bekommen, ist auch der zentrale Grund für

unsere schwache Position auf dem Lohnarbeitsmarkt. Es ist kein Zufall, dass wir die am schlechtesten bezahlten Jobs bekommen und die Löhne sinken, wenn Frauen in einer von Männern dominierten Branche zu arbeiten beginnen. Die Arbeitgeber wissen nur zu gut, dass wir es gewohnt sind, umsonst zu arbeiten und uns verzweifelt um ein wenig eigenes Geld zu bemühen, dass sie uns zu einem niedrigen Preis bekommen können.

Außerdem verlieh die Tatsache, dass Hausarbeit unbezahlt ist, dieser gesellschaftlich durchgesetzten Arbeit den Anschein der Natürlichkeit, der „Weiblichkeit", und das wirkt sich auf uns aus, wo auch immer wir hingehen und was auch immer wir tun. Da Hausarbeit und Weiblichkeit miteinander verschmolzen sind und weiblich synonym mit Hausfrau wurde, tragen wir diese Identität und die „häuslichen Fertigkeiten", die wir uns von Geburt an aneigneten, in jeden Job, den wir annehmen. Das bedeutet, dass der Weg zum Lohn häufig zu mehr Hausarbeit führt. Daher muss uns Lopate nicht sagen, dass „es entscheidend ist, daran zu erin-

wie schwierig es ist, durchzusetzen, in Teilzeit zu arbeiten oder einen besseren Schichtplan zu bekommen, damit er sich gleichberechtigt an der Kinderbetreuung beteiligen kann." (Lopate 1974: 11) nern, dass wir ein ‚Geschlecht' haben."[5] (Lopate 1974: 11) Jahrelang hämmerte uns das Kapital ein, wir seien nur dafür gut, Sex zu haben und Kinder zu bekommen. Das ist die geschlechtsspezifische Arbeitsteilung, und wir lehnen es ab, dass dies für immer und ewig so bleibt, was aber unweigerlich der Fall ist, wenn wir solche Fragen stellen: „Was bedeutet weiblich denn eigentlich, und welche besonderen Eigenschaften, so es sie gibt, haften notwendigerweise und für immer an dieser Charakterisierung?" (Lopate 1974: 11) Diese Fragen zu stellen, bettelt geradezu um eine sexistische Antwort. Wer kann schon sagen, wer wir sind? Wir können bestenfalls wissen, wer wir nicht sind, in dem Maße, wie wir durch unseren Kampf die Macht erlangen, mit der gesellschaftlichen Identität zu brechen, die uns aufgezwungen wird. Es sind die herrschende Klasse und diejenigen, die danach streben, zu herrschen, die einen natürlichen und ewigen menschlichen Charakter voraussetzen, damit sie ihre Macht über uns verewigen können.

Das Lob der Familie

Es ist keine Überraschung, dass ihre Suche nach dem Wesen der Weiblichkeit Lopate ganz unverhohlen zu einer Glorifizierung der unbezahlten Hausarbeit und der unbezahlten Arbeit an sich bringt:

> „Das eigene Heim und die Familie sind im Kapitalismus üblicherweise die einzige Nische, wo Menschen den Bedürfnissen anderer nachkommen und das aus Liebe oder Zuwendung für den anderen tun, auch wenn das nicht selten auch aus Angst oder durch Herrschaft passiert. El-

5 „Wir dürfen nicht vergessen, dass wir ein GESCHLECHT sind. Das ist in Wirklichkeit das einzige Wort, das wir zur Verfügung haben, um unsere Gemeinsamkeiten beschreiben zu können." (Lopate 1974: 11)

> tern kümmern sich zumindest teilweise aus Liebe um ihre Kinder. (…) Ich würde sogar meinen, dass uns, wenn wir älter werden, diese Erinnerung begleitet, und wir damit immer diese Arbeit und Zuwendung, die aus Liebe entstehen und nicht auf der Grundlage von finanzieller Anerkennung, als eine Art Utopie für uns behalten.“ (Lopate 1974: 10)

Die Literatur der Frauenbewegung zeigte jedoch, welch verheerende Folgen diese Liebe, Sorge und Dienstleistung für uns Frauen hatte. Das sind die Ketten, die uns an Bedingungen fesselten, die der Sklaverei nahekommen. Wir lehnen es daher ab, das Elend unserer Mütter und Großmütter und unser eigenes Elend als Kinder für uns zu behalten und zu einer Utopie zu erheben. Wenn das Kapital oder der Staat keinen Lohn zahlt, dann müssen diejenigen mit ihrem Leben dafür bezahlen, die geliebt und umsorgt werden, die gleichfalls ohne Lohn bleiben und noch machtloser sind. Wir lehnen auch die Behauptung Lopates ab, dass die Forderung nach einer Entlohnung der Hausarbeit „nur dazu führen würde, dass die Möglichkeit von freier und nicht-entfremdeter Arbeit uns noch unerreichbarer erscheint.“ (Lopate 1974: 10)[6], denn das würde ja bedeuten, dass der schnellste Weg zur „Aufhebung der Entfremdung“ der Arbeit darin bestünde, sie kostenlos zu verrichten. Die Kapitalistenklassen weiß so etwas bestimmt zu schätzen. Die freiwillige Arbeit, auf die sich der moderne Staat zunehmend stützt, ist von dieser wohltätigen Bereitstellung unserer Zeit abhängig.

6 „Einen großen Bereich des Lebens im Kapitalismus zu beseitigen, in dem nicht alle Transaktionen einen Tauschwert haben, würde nur dazu führen, dass die Möglichkeit von freier und nicht-entfremdeter Arbeit uns noch unerreichbarer erscheint.“ (Lopate 1974: 10)

Unser Eindruck ist vielmehr, dass, wenn unsere Mütter einen Lohn bekommen hätten, anstatt von Liebe und Sorge abhängig zu sein, sie um einiges weniger verbittert, abhängig und erpressbar gewesen wären und auch weniger erpresserisch ihren Kindern gegenüber, die andauernd daran erinnert wurden, welche Opfer für sie erbracht worden seien. Unsere Mütter hätten mehr Zeit und Kraft gehabt, gegen diese Arbeit zu kämpfen, und sie hätten dafür gesorgt, dass wir diesen Kampf bereits auf einer höheren Ebene hätten führen können.

Es ist das Wesen der kapitalistischen Ideologie, die Familie als „private Welt" zu verherrlichen, als letzten Bereich, wo Männer und Frauen „ihre Seele behalten" können, und so ist es nicht weiter verwunderlich, dass sich diese Ideologie in einer Zeit von „Krise" und „Austerität" und „Not" bei den Architekt*innen des Kapitals neuer Beliebtheit erfreut.[7] Russell Baker (1974) schrieb kürzlich in der *New York Times*, dass uns die Liebe während der Großen Depression warmgehalten habe und wir jetzt, da uns schwere Zeiten bevorstünden, diese Liebe wieder hervorholen müssten. Diese Ideologie, in der die Familie (oder Community) der Fabrik, das Persönliche dem Gesellschaftlichen, das Private dem Öffentlichen, die produktive der unproduktiven Arbeit gegenüberstellt wird, ist funktional für unsere Versklavung zu Hause, die ohne Lohn immer als ein Akt der Liebe erschien. Diese Ideologie ist in der kapitalistischen Arbeitsteilung, die in der Organisation der Kleinfamilie am deutlichsten zum Ausdruck kommt, tief verwurzelt.

Die Art und Weise, wie das Lohnverhältnis die gesellschaftliche Funktion der Familie mystifizierte, ist eine Fortsetzung

7 „Ich bin davon überzeugt, dass wir unsere Seele im privaten Umfeld am Leben erhalten." (Lopate 1974: 10)

dessen, wie das Kapital auch die Lohnarbeit und die Unterordnung unserer gesellschaftlichen Verhältnisse unter das Geldverhältnis mystifiziert hat.

Marx lehrte uns vor langer Zeit, dass der Lohn die unbezahlte Arbeit verschleiert, die in den Profit eingeht. Aber die Arbeit durch den Lohn zu messen, verschleiert auch das Ausmaß, in dem unsere familiären und gesellschaftlichen Beziehungen den Produktionsverhältnissen untergeordnet wurden, das Ausmaß, in dem jeder Moment unseres Lebens der Produktion und Reproduktion des Kapitals dient. Der Lohn und

sein Fehlen erlaubten dem Kapital, die wirkliche Länge des Arbeitstags zu verschleiern. Arbeit erscheint bloß als ein Teil unseres Lebens, etwas, das sich nur zu bestimmten Zeiten und in bestimmten Räumen abspielt. Die Zeit, die wir in der „gesellschaftlichen Fabrik" verbringen, um uns für die Arbeit bereit zu machen oder zur Arbeit zu gehen, um „Muskel, Nerv, Hirn" (MEW 23: 58) mit einem schnellen Snack, schnellem Sex und Filmen wiederherzustellen, all das erscheint als Muße, freie Zeit und individuelle Wahl.

Unterschiedliche Arbeitsmärkte

Die Verwendung des Lohns durch das Kapital verschleiert auch, wer die Arbeiter*innenklasse ist, und spaltet die Arbeiter*innen, um zu herrschen. Durch das Lohnverhältnis organisierte das Kapital nicht nur unterschiedliche Arbeitsmärkte, einen Arbeitsmarkt für Schwarze, einen für Junge, einen für Frauen und einen für weiße Männer, sondern stellte der „Arbeiter*innenklasse" ein „nicht-arbeitendes" Proletariat gegenüber, das angeblich parasitär von der Arbeit der anderen lebte. So wird uns als Sozialhilfeempfänger*innen gesagt, wir lebten von den Steuern der „Arbeiter*innenklasse", und als Hausfrauen wird von uns das Bild gezeichnet, wir rissen unseren Männern riesige Löcher in ihre Lohntüten. Aber letztlich ist die gesellschaftliche Schwäche der Nicht-Entlohnten die Schwäche der gesamten Arbeiter*innenklasse in ihrem Verhältnis zum Kapital. Wie wir am Beispiel der an andere Standorte verlagerten Betriebe sehen, war das Kapital durch die Verfügbarkeit einer Reserve an unbezahlter Arbeit sowohl in den „unterentwickelten" Ländern als auch in den Metropolen in der Lage, die Regionen zu verlassen, in denen sich die Arbeit selbst zu teuer gemacht hat, und damit wurde die Macht untergraben, die Arbeiter*innen dort erreicht hatten. Immer dann, wenn das Kapital nicht in die „Dritte Welt" davonlaufen konnte, öffnete es die Fabriktore für Frauen, Schwarze und Jugendliche aus den Metropolen oder für Migrant*innen aus der „Dritten Welt". Es ist in der Tat kein Zufall, dass, obwohl das Kapital auf die Lohnarbeit angewiesen ist, mehr als die Hälfte der Weltbevölkerung noch immer keinen bekommt. Das Fehlen eines Lohns und Unterentwicklung sind wesentliche Elemente der kapitalistischen Planung, national wie international. Es handelt sich dabei um schlagkräftige Instrumente, mit denen Arbeiter*innen auf dem nationalen und internationalen Arbeitsmarkt miteinander in Konkurrenz gesetzt werden und die uns glauben machen, unsere Interessen wären verschieden und stünden in Widerspruch zueinander. (Vgl. James 2012: 92–101).

Hier liegen die Wurzeln von Sexismus, Rassismus und Wohlfahrtschauvinismus (die Verachtung für Arbeiter*innen, denen es gelungen ist, ein wenig staatliche Unterstützung zu bekommen), die Ausdruck dieser verschiedenen Arbeitsmärkte sind und damit der unterschiedlichen Formen, die Arbeiter*innenklasse zu regulieren und zu spalten. Wenn wir diese Verwendung der kapitalistischen Ideologie und ihre Ursprünge im Lohnverhältnis ignorieren, dann führt das nicht nur dazu, Rassismus, Sexismus und Wohlfahrtschauvinismus als moralische Krankheiten zu verstehen, als Ergebnisse eines „falschen Bewusstseins", sondern wir müssen uns auch auf eine Strategie der „Erziehung" beschränken, und uns bleibt nur „der moralische Imperativ, um unsere Seite zu stärken." (Lopate 1974: 11)

Schließlich können wir aber Lopate dort zustimmen, wo sie meint, dass unsere Strategie hilfreich sei, wenn wir uns nicht länger darauf verlassen wollten, dass Männer „gut" sein müssten, um uns befreien zu können. Die Kämpfe der Afroamerikaner*innen in den 1960er-Jahren zeigten, dass ihre Bedürfnisse nicht wegen schöner Worte, sondern nur wegen der Organisierung ihrer Macht „verstanden" wurden. Im Fall von uns Frauen bedeutete der Versuch, die Männer zu erziehen, immer nur, unseren Kampf zu privatisieren und in die Einsamkeit unserer Küchen und Schlafzimmer zu verlagern. Macht erzieht. Zuerst müssen sich die Männer fürchten, dann werden sie lernen, weil sich das Kapital fürchten wird. Denn wir kämpfen nicht für eine gerechtere Verteilung derselben Arbeit. Wir kämpfen darum, dieser Arbeit ein Ende zu setzen. Und der erste Schritt dazu ist, dieser Arbeit ein Preisschild anzuheften.

Lohnforderungen

Unsere Macht als Frauen beginnt mit dem gesellschaftlichen Kampf um den Lohn, nicht darum, Einlass in das Lohnverhältnis zu finden, weil wir ja nie außerhalb davon standen, sondern darum, aus diesem herauszukommen, um alle Teile der Arbeiter*innenklasse davon zu befreien. An dieser Stelle müssen wir klarmachen, worin das Wesen von Lohnkämpfen besteht. Wenn die Linke darauf beharrt, dass Lohnforderungen „ökonomistisch" und „gewerkschaftliche Forderungen" seien, dann ignoriert sie, dass der Lohn, oder auch sein Fehlen, unsere Ausbeutung direkt misst, und damit ist der Lohn der unmittelbare Ausdruck der Machtverhältnisse zwischen Kapital und Arbeiter*innenklasse und innerhalb der Arbeiter*innenklasse. Darüber hinaus ignoriert sie, dass Lohnkämpfe viele verschiedene Formen annehmen können und nicht darauf beschränkt sind, höhere Löhne zu fordern. Die Verkürzung der Arbeitszeit, bessere Sozialleistungen oder einfach mehr Geld – all das sind Lohnsteigerungen, die bestimmen, wie viel Arbeit uns genommen wird, und wie viel Macht wir über unser Leben haben. Das ist der Grund, warum der Lohn, historisch betrachtet, das zentrale Schlachtfeld zwischen Arbeiter*innen und Kapital war. Und als Ausdruck des Klassenverhältnisses hat der Lohn immer zwei Seiten: die Seite des Kapitals, die ihn verwendet, um die Arbeiter*innen zu kontrollieren, indem sie sicherstellt, dass jeder Lohnzuwachs mit einer Steigerung der Produktivität einhergeht, und die Seite der Arbeiter*innen, die zunehmend für mehr Geld, mehr Macht und weniger Arbeit kämpft. Wie die Geschichte der gegenwärtigen kapitalistischen Krise zeigt, sind immer weniger Arbeiter*innen bereit, ihr Leben im Dienste der kapitalistischen Produktion zu opfern und dem Ruf nach Steigerung der Produktivität zu folgen. Wenn aber der „gerechte Tausch" zwischen Löhnen und Produktivität gestört wird, dann wird aus dem Kampf um den Lohn ein direkter Angriff auf den Profit des Kapitals und dessen Fähigkeit, Mehrarbeit von uns zu extrahieren. Damit ist der Kampf um den Lohn zugleich ein Kampf gegen den Lohn, gegen die Macht, die er zum Ausdruck bringt, und gegen das kapitalistische Verhältnis, das er verkörpert. Im Fall derer, die keinen Lohn haben, also in unserem Fall, ist der Kampf um den Lohn ein noch offensichtlicherer Angriff auf das Kapital.

Lohn für Hausarbeit bedeutet, dass das Kapital für die enorme Menge an sozialen Dienstleistungen zahlen muss, die sich die Arbeitgeber*innen im Moment auf unsere Kosten aneignen. Am wichtigsten ist aber, dass wir uns mit dem Lohn für Hausarbeit weigern, unsere Arbeit als biologisches Schicksal zu akzeptieren. Tatsächlich hat nichts so sehr zur Institutionalisierung dieser Arbeit beigetragen wie die Tatsache, dass wir dafür keinen Lohn, sondern „Liebe“ bekamen. Für uns aber, wie auch für die entlohnten Arbeiter*innen, ist der Lohn nicht der Preis für einen Produktivitätsdeal. Wenn wir einen Lohn bekommen, werden wir nicht mehr arbeiten als vorher. Wir wollen einen Lohn, um in der Lage zu sein, uns unsere Zeit und unsere Energie einzuteilen und einen Kampf zu führen, und nicht, um durch einen zweiten Job eingeschränkt zu werden, den wir annehmen, um finanziell unabhängig zu sein.

*Unser Kampf um den Lohn eröffnet für jene mit Lohn und für jene ohne Lohn die Frage nach der wirklichen Länge des Arbeitstags. Bis heute wurde der Arbeitstag für die Arbeiter*innenklasse, Männer und Frauen, durch das Kapital bestimmt – vom Einstempeln bis zum Ausstempeln. Das bestimmte die Zeit, die wir dem Kapital, und die Zeit, die wir uns selbst gehörten. Aber wir gehörten nie uns selbst, wir gehörten immer dem Kapital, jeden Moment unseres Lebens; und es wird Zeit, dass das Kapital für jeden Moment zahlen muss.*

Das Kapital muss zahlen

Das ist die Klassenperspektive, die sich in den Kämpfen der 1960er-Jahre in den USA und international auf der Straße ausdrückte. In den USA waren die Kämpfe der Afro-

Amerikaner*innen und der Welfare Moms[8] – der „Dritten Welt“ in den Metropolen – Ausdruck der Revolte derer, die ohne Lohn waren, und ihrer Verweigerung der einzigen Alternative, die das Kapital anbietet: mehr Arbeit. Diesen Kämpfen, die ihr Machtzentrum in den Communities hatten, ging es nicht um Entwicklung, sondern um die Wiederaneignung des gesellschaftlichen Reichtums, den sich das Kapital von den Entlohnten und den Nicht-Entlohnten schaffen ließ. Sie forderten die kapitalistische Organisation der Gesellschaft heraus, die uns die Arbeit als einzige Bedingung unserer Existenz aufzwingt. Und sie stellten das Dogma der Linken infrage, dass die Arbeiter*innenklasse nur in der Fabrik ihre Macht aufbauen könne. Aber man muss nicht in eine Fabrik gehen, um Teil einer Organisation der Arbeiter*innenklasse zu werden.

Wenn Lopate behauptet, dass „die ideologischen Vorbedingungen für die Solidarität der Arbeiter*innenklasse die Netzwerke und Verbindungen sind, die aus der gemeinsamen Arbeit entstehen“, und „diese Vorbedingungen unter Frauen, die isoliert voneinander sind und getrennt in den Haushalten arbeiten, nicht entstehen können“ (Lopate 1974: 9), dann ignoriert sie die Kämpfe, die diese „isolierten“ Frauen in den 1960er-Jahren führten. Außerdem ist es eine Illusion, zu glauben, dass das Kapital uns nicht spaltet, wenn wir nicht in der Isolation unseres Hauses arbeiten.

8 „Welfare Moms“ werden (alleinerziehende) Frauen genannt, die mit ihren Kindern überwiegend von Sozialleistungen leben. Seit den Siebzigerjahren, insbesondere während der Präsidentschaft von Ronald Reagan, wird der Begriff meist in negativer Absicht verwendet. (Anm. d. Übers.)

Im Gegensatz zu den Spaltungen, die für die kapitalistische Organisation der Arbeit typisch sind, müssen wir uns entlang unserer Bedürfnisse organisieren. In diesem Sinne ist „Lohn für Hausarbeit" zugleich die Verweigerung der Vergesellschaftung der Fabrik wie die Verweigerung der Rationalisierung und Vergesellschaftung des Haushalts. Wir glauben nämlich nicht, dass die Revolution auf einen Konsumentenreport und eine Zeit-Bewegungsstudie reduziert werden kann, wie uns Lopate nahegelegt:

> „Wir müssen uns ernsthaft mit den Aufgaben, die ‚notwendig' sind, um einen Haushalt zu führen, beschäftigen. (…)Wir müssen uns die Geräte, die Zeit und Arbeit sparen, ansehen und entscheiden, welche davon nützlich sind und welche davon lediglich zu einer weiteren Verschlechterung der Hausarbeit führen." (Lopate 1974: 9)

Es ist nicht die Technologie an sich, die uns erniedrigt, sondern die Art und Weise, wie sie vom Kapital eingesetzt wird. „Selbstverwaltung" und „Arbeiter*innenkontrolle" gab es ja schon immer im Haushalt. Wir hatten immer schon die Wahl, ob wir die Wäsche am Sonntag oder Montag machen, oder die Wahl, ob wir uns einen Geschirrspüler oder einen Staubsauger kaufen, sofern wir es uns leisten können. Daher sollten wir nicht vom Kapital verlangen, den Charakter unserer Arbeit zu verändern, sondern darum kämpfen, uns selbst und andere Arbeiter*innen nicht mehr als Arbeitskraft, als Ware zu reproduzieren. Eine Bedingung zur Erreichung dieses Ziels ist es, diese Arbeit durch den Lohn als Arbeit anzuerkennen. Ganz offensichtlich wird das Kapital so lange bestehen, solange es den Lohn gibt. Daher sagen wir nicht, dass es eine Revolution wäre, wenn wir Löhne bekämen. Wir sagen, dass es eine revolutionäre Strategie ist, weil die Rolle, die uns in der kapitalistischen Arbeitsteilung zugewiesen wurde, dadurch untergraben wird, und damit werden die Machtverhältnisse innerhalb der Arbeiter*innenklasse verändert, indem sie sich mehr zu unseren Gunsten und zur Einheit der Klasse verschieben. Die finanziellen Aspekte des „Lohns für Hausarbeit" sind nur dann „höchst problematisch", wenn wir den Standpunkt des Kapitals oder des Finanzministeriums einnehmen, die immer, wenn es um Arbeiter*innen geht, ihre eigene Armut betonen. (Vgl. Lopate 1974: 9) Da wir nicht das Finanzministerium sind und auch keine Anstalten machen, es sein zu wollen, liegt es nicht an uns, Zahlungssysteme, Lohnunterschiede oder Produktivitätsdeals auszumalen. Es liegt nicht an uns, unserer Macht Grenzen zu setzen, und es liegt nicht an uns, unseren Wert zu messen. An uns liegt es, den Kampf zu organisieren, um das zu bekommen, was wir wollen, für alle von uns und zu unseren Bedingungen. Unser Ziel ist es, unbezahlbar zu werden, unseren Marktpreis in die Höhe zu schrauben, um die Hausarbeit wie auch die Fabrikarbeit und die Büroarbeit „unwirtschaftlich" zu machen.

Genauso weisen wir das Argument zurück, andere Teile der Arbeiter*innenklasse müssten dafür zahlen, wenn wir Erfolg hätten. Gemäß dieser Logik könnten wir ja auch sagen, dass die entlohnten Arbeiter*innen jetzt von dem Geld bezahlt werden, welches das Kapital uns vorenthält. Aber das ist die Art und Weise, wie der Staat redet. Tatsächlich ist die Behauptung, die von Afro-Amerikaner*innen erhobenen Forderungen nach Sozialleistungen in den 1960er-Jahren hätten „für die langfristige Strategie der Beziehungen zwischen Weißen und Schwarzen verheerende Folgen" gehabt, da „die Arbeiter*innen gewusst hätten, dass am Ende nicht die Unternehmen, sondern sie für diese Programm zahlen würden" (Lopate 1974: 9), blanker Rassismus. Wenn wir immer davon ausgehen, dass jeder Kampf nur damit enden kann, dass die Armut umverteilt wird, dann gehen wir von der Unvermeidlichkeit der Niederlage aus. Der Text von Lopate ist überaus defätistisch, indem er die kapitalistischen Institutionen als unvermeidbar akzeptiert. Lopate kann sich nicht vorstellen, dass, wenn das Kapital die Löhne der einen Arbeiter*innen senkt, um uns Löhne zukommen zu lassen, diese Arbeiter*innen in der Lage sind, ihre und damit auch unsere Interessen zu verteidigen. Sie geht auch davon aus, „dass es sicherlich Männer wären, die für ihre Arbeit zu Hause die höchsten Löhne bekommen würden". (Lopate 1974: 9) Kurz gesagt, geht sie davon aus, dass wir niemals gewinnen werden. Sie sieht Hausfrauen nur als arme Opfer und kann sich nicht vorstellen, dass wir uns kollektiv organisieren können, um den Aufseher*innen die Tür vor der Nase zuzuschlagen, sollten sie versuchen, unsere Arbeit zu kontrollieren.

Das Kapital und die Linke

Mit ihrer gewohnten Unkenntnis der Dynamiken von Klassenbewegungen dachte die Linke, das Ende einer Phase der Frauenbewegung wäre das Ende der Bewegung selbst. So versucht sie langsam, aber sicher, das politische Terrain zurückzugewinnen, das sie in den 1960er-Jahren verloren hatte.

In den sechziger Jahren, als Frauen in Scharen linke Gruppen verließen, war die Linke anzuerkennen gezwungen, dass die feministische Autonomie eine Berechtigung hat. Widerstrebend musste sie eingestehen, dass auch Frauen Teil der Revolution sind. Sie ging sogar so weit, ihren eben erst entdeckten Sexismus selbstkritisch einzugestehen. Jetzt, wo der Feminismus, wie sie meint, zu Grabe getragen wird, erhebt sie wieder ihre Stimme, dieses Mal, um ihr Urteil über unsere Errungenschaften und Unzulänglichkeiten zu fällen. Ihre Geschichte klingt aber nur allzu vertraut, in den Worten einer dieser selbsternannten Feministinnen folgendermaßen: „Frauen brauchen auch eine sozialistische Bewegung (…) und eine Bewegung, die nur aus Frauen besteht, kann das nicht ersetzen." (Zaretsky 1974: 83) Das bedeutet, dass das alles, solange es dauerte, schon in Ordnung war, wir aber schlussendlich doch von ihnen geführt werden müssen – und daher muss wieder die richtige politische Linie durchgesetzt werden.

Die immer gleiche Geschichte

Das ist natürlich nichts Neues. Wieder einmal wird uns gesagt, wirkliche Politik finde nicht in der Küche statt, und der Kampf zur Befreiung der Frau – unser Kampf, um unsere Arbeit im Haus, unsere Beziehungen in der Familie, die Prostitution unserer Sexualität zu zerstören – sei dem „wirklichen Klassenkampf" in den Fabriken unterzuordnen oder im besten Fall eine Unterstützung. Es ist kein Zufall, dass sich die meisten linken Polemiken gegen die feministische Autonomie verpflichtet sehen, in Abrede zu stellen, dass der Lohn für Hausarbeit eine feministische Strategie und damit auch eine Strategie der Arbeiter*innenklasse ist.

Ein naheliegender Grund dafür ist wohl, dass, wenn die Frauen ihr eigenes Geld zur Verfügung hätten, die Männer ihre Küchen und Betten eines Tages leer vorfänden. Aber der tiefere Grund ist, dass die Linke nicht daran interessiert ist, uns von der Hausarbeit zu befreien, sondern es ihr nur darum geht, unsere Arbeit effizienter zu gestalten. Aus ihrer Perspektive besteht die Revolution darin, die kapitalistische Produktion neu zu organisieren, wodurch unsere Ausbeutung nicht abgeschafft, sondern einfach rationalisiert würde.

Deshalb macht sie sich, wenn wir von der „Verweigerung der Arbeit" sprechen, sofort Sorgen, wer denn dann „die Straßen reinigen wird." Und daher kommt es, dass sie sich ihre „revolutionären Subjekte" immer aus den Teilen der Arbeiter*innenklasse sucht, deren Arbeit schon in einem größeren Maße rationalisiert wurde. Das heißt, dass aus ihrer Perspektive Arbeiter*innen nicht revolutionär sind, weil sie gegen die Ausbeutung kämpfen, sondern weil sie Produzent*innen sind. Wie sehr Arbeiter*innen dieser Perspektive fern sind, lässt sich an der Energie ablesen, die von der Linken aufgewandt wird, um ihnen mangelndes

„Klassenbewusstsein" vorzuwerfen. Die Linke ist entsetzt über die Tatsache, dass die Arbeiter*innen, ob sie nun entlohnt werden oder nicht, nach mehr Geld und Zeit verlangen, anstatt sich der Rationalisierung der Produktion zu widmen.

In unserem Fall liegt die Sache auf der Hand. Die Linke greift unseren Kampf an, weil die, die im Haus arbeiten, der „produktiven" Rolle, die sie der Arbeiter*innenklasse zuschreibt, nicht gerecht werden. Was das bedeutet, hat Wally Seccombe in der *New Left Review* schön auf den Punkt gebracht:

> „Eine revolutionäre Transformation ist nur möglich, weil das Proletariat direkt in der vergesellschafteten Arbeit tätig und damit als Klasse Trägerin der Voraussetzungen für eine sozialistische Produktionsweise ist. Während dagegen die Arbeit von Hausfrauen privatisiert ist, sind sie nicht in der Lage, die neue Ordnung vorwegzunehmen oder die Produktivkräfte voranzutreiben, um die alte zu zerstören." (Seccombe 1974: 23)

Seccombe räumt aber ein, dass in Zeiten der kapitalistischen Krise, wenn der Kapitalismus vermutlich aufgrund seiner eigenen Dynamik schon in sich zusammenbricht, die „Mobilisierung der Hausfrauen" rund um geeignete Initiativen, wie beispielsweise Komitees zur Preiskontrolle, einen Beitrag zum revolutionären Kampf leisten könnte. „Unter derartigen Umständen", schreibt er, „ist es nicht ungewöhnlich, dass objektiv rückständige Teile der Arbeiterklasse nach vorne befördert werden." (Seccombee 1974: 24) Aber es sei eine Tatsache, dass „Hausfrauen nicht die entscheidende Kraft des Kampfes der Frauen sein werden." (Seccombee 1974: 24) Da, international betrachtet, die Mehrheit der arbeitenden Frauen zuallererst und vor allem im Haus arbeitet, läuft es darauf hinaus, Frauen aus dem revolutionären Prozess auszugrenzen.

Das chinesische Modell

Es ist nicht das erste Mal, dass die „Revolutionäre" uns nach einem Kampf wieder zurück an den Herd schicken wollen. Dieses Mal allerdings mit dem Versprechen, „die Hausarbeit zu teilen". Falls dieser Prozess heute weniger offensichtlich ist, dann liegt das daran, dass die Hand, die uns zurück an den Herd drängen möchte, dieselbe Hand ist, die uns im Einklang mit den Plänen des Kapitals in die Fabriken drängen will, damit wir uns „dem Klassenkampf anschließen" oder, genauer gesagt, um auf unsere zukünftige Rolle in der Produk-

tion vorbereitet zu werden.[1] Das Arrangement, das ihnen für uns vorschwebt, nennen sie das „chinesische Modell": Vergesellschaftung und Rationalisierung der Hausarbeit sowie Selbstverwaltung und Arbeiter*innenkontrolle in den Fabriken. Anders gesagt: Ein wenig mehr Fabrik im Haushalt (höhere Effizienz und Produktivität der Hausarbeit) und ein wenig mehr Familie in der Fabrik (mehr individuelle Verantwortung und Identifikation mit der Arbeit). In beiden Fällen setzt sich die Linke für lieb gewonnene kapitalistische Utopien ein.

Selbstverwaltung und Arbeiter*innenkontrolle sind ein Ausdruck des kapitalistischen Versuchs, die Arbeiter*innenklasse nicht nur auszubeuten, sondern sie an der Planung ihrer Ausbeutung teilhaben zu lassen. Es ist kein Zufall, dass die kapitalistischen Planer das Wort „Entfremdung" beinahe so oft verwenden wie die Linke und dass sie dieselben Mittelchen anbieten:

1 „Wenn Männer Futter für die Fabrik sein können, warum nicht auch Frauen? (…) Wenn wir unseren Platz in dieser Welt einnehmen wollen, um ihre Geschichte mitzugestalten, dann müssen wir den sicheren Hafen unseres Hauses verlassen und in die Fabriken gehen (…) und sie zu übernehmen mithelfen!" (Workers Fight 1975)

„Humanisierung der Arbeit“, „Kontrolle der Arbeiter*innen“, „Demokratisierung der Arbeitswelt“ usw. Wie bei der Vergesellschaftung und Rationalisierung der Hausarbeit durch Kantinen, Schlafräume usw. spielte das Kapital schon oft mit dieser Möglichkeit, weil eine solche Rationalisierung, finanziell betrachtet, die Kosten senken würde.

Das war schon in Russland der Plan, wo es eine der zentralen Prioritäten für die Zeit nach der Revolution war, die Reproduktionsarbeit der Frauen zu beschleunigen, um sie für die Arbeit in den Fabriken freizusetzen. Die sozialistischen Planer waren, wie in den Träumen der Linken, davon getrieben, eine „Gesellschaft der Produzenten“ zu schaffen, in der alles im Hinblick auf die Produktion funktional sei. Aus dieser Perspektive schien das „Kommune-Haus“ mit Kollektivküchen, Speisesälen und Waschräumen die perfekte Lösung, um Geld, Platz und Zeit zu sparen und die „Qualität und Produktivität der Arbeit zu erhöhen.“ (Kopp 1972: 147) Nur aufgrund des hartnäckigen Widerstands der Arbeiter*innen wurden diese Projekte nach und nach wieder aufgegeben. Anatole Kopp (1972: 160) berichtet von einer Frauenversammlung in Novosibirsk, wo die Forderung erhoben wurde, „zumindest fünf Quadratmeter für sich selbst haben zu wollen.“ Die bolschewistischen Stadtplaner kamen 1930 zu folgendem Schluss:

> „Die Ernüchterung wegen der ‚Kommunehäuser‘ ist allerorten groß (…) die individuellen Bereiche der Arbeiter*innen sind gerade mal so groß, um darin zu schlafen. (…) Sie schränken, wie man das an den langen Schlangen vor dem Waschbecken, der Toilette, der Garderobe und dem Esstisch sehen kann, den Lebensraum und den Komfort ein, und wecken die Unzufriedenheit der Arbeiter*innen.“ (Kopp 1972: 267)

Seit den 1930er-Jahren kehrte der russische Staat wieder zur Kernfamilie als der effizientesten Organisationsform zur Disziplinierung der Arbeiter*innen und zur Sicherstellung des Nachschubs an Arbeitskräften zurück, und auch in China unterstützt der Staat trotz eines gewissen Grades an Vergesellschaftung die Kernfamilie. Das russische Experiment zeigte jedenfalls, dass, wenn das Ziel die Produktion und die Arbeit ist, die Vergesellschaftung der Hausarbeit nur eine verschärfte Reglementierung unseres Lebens sein kann, wie wir das auch am Beispiel der Schulen, Spitäler und Kasernen sehen können. Diese Form der Vergesellschaftung hebt die Kernfamilie keineswegs auf, sondern erweitert sie nur in Form von „politischen und kulturellen Komitees", die in Russland und China auf der Ebene der Fabrik und der Gemeinde existieren.

Durch die Fabrik ist das Kapital auf die Familie angewiesen oder, genauer gesagt: Die Disziplin ersterer setzt die Disziplin letzterer voraus, und umgekehrt. Niemand kommt als Arbeiter*in zur Welt. Das ist der Grund, warum wir im Herzen des Kapitalismus, ob nun Hammer und Sichel oder das Sternenbanner wehen, immer den Lobpreis der Familie finden.

Im Westen versucht das Kapital seit Jahren, die Hausarbeit zu rationalisieren und zu vergesellschaften. Der Staat plante die Größe, die Lebensbedingungen, die Wohnung, die Erziehung, die polizeiliche Überwachung, die medizinische Behandlung und die Indoktrination der Familie in einem immer größeren Umfang. Dass er dabei nicht erfolgreicher war, ist auf die Revolte der nicht-entlohnten Familienmitglieder, der Frauen und Kinder, zurückzuführen. Es ist ihre Revolte, die verhinderte, dass die Familie produktiver wurde; hin und wieder wurde sie sogar kontraproduktiv. Die Linke weint sich schon lange über die gescheiterte Disziplinierung der Familie aus. Wie der Genosse Gramsci schreibt:

> „Alle diese Elemente komplizieren und erschweren außerordentlich jede Regelung der sexuellen Tatsache und jeden Versuch, eine neue Sexualethik zu schaffen, die den neuen Produktions- und Arbeitsmethoden gemäß ist. Andrerseits ist es notwendig, mit einer solchen Regelung und der Schaffung einer neuen Ethik zu beginnen. (…) die Wahrheit ist, dass der neue Menschentypus, den die Rationalisierung der Produktion und der Arbeit erfordert, sich nicht entwickeln kann, solange der Sexualtrieb nicht entsprechend reguliert und seinerseits rationalisiert worden ist." (Gramsci Heft 1999: 2073)

Heute ist die Linke vorsichtiger, aber nicht weniger entschlossen, uns an den Herd zu ketten, ob nun in seiner gegenwärtigen oder in einer stärker rationalisierten, produktiveren Form. Sie will die Hausarbeit nicht abschaffen, weil sie die Fabrikarbeit nicht abschaffen will. In unserem Fall hätte sie gerne, dass wir beides machten. Hier steht die Linke jedoch vor demselben Dilemma, das dem Kapital Sorgen bereitet: Wo können Frauen produktiver sein, am Fließband oder in der Gebärstation? Das Kapital braucht uns in den Fabriken als billige Arbeitskraft, um andere Arbeiter*innen zu ersetzen, die zu teuer sind, aber es braucht uns auch zu Hause, um potentielle Unruhestifter von der Straße fernzuhalten. Der vermeintliche Unterschied zwischen der trotzkistischen Auffassung – Hausarbeit ist Barbarei, das heißt, alle Frauen müssen in die Fabrik – und der libertären – Hausarbeit ist Sozialismus, das heißt, keine Arbeit sollte bezahlt werden – ist nur ein taktischer Unterschied innerhalb einer kapitalistischen Gesamtstrategie. Die Libertären beharren darauf, dass sich die Hausarbeit sozio-ökonomischer Kategorisierung entziehe: „Die Hausarbeit der Frauen im Kapitalismus ist weder produktiv noch unproduktiv." (Vogel 1973:

28) „Wir müssen wohl klar stellen, dass Hausarbeit weder als Produktion noch als Konsumtion gelten kann." (Lopate 1974: 11) „Hausfrauen sind ein Teil der Arbeiterklasse und zugleich sind sie es nicht." (Zaretsky 1974: 89)

Sie verorten die Hausarbeit außerhalb des Kapitals und behaupten, es handle sich dabei um „gesellschaftlich notwendige Arbeit", weil sie glauben, dass sie in der einen oder anderen Form auch im Sozialismus notwendig wäre. So behauptet Lisa Vogel, dass Hausarbeit in erster Linie nützliche Arbeit sei und ihr „das Vermögen innewohnt, dass sie unter den richtigen

Bedingungen auf eine zukünftige Gesellschaft verweisen kann, in der jedwede Arbeit in erster Linie nützlich sein wird." (Vogel 1973: 26) Das findet sich auch in Lopates Vorstellung von der Familie als letztem Rückzugsort, wo „wir unsere Seelen am Leben erhalten können." (Lopate 1974: 10) Und es gipfelt in der Behauptung von Zaretsky, dass „Hausfrauen ein integraler Bestandteil der Arbeiterklasse und der Arbeiterbewegung sind, nicht weil sie Mehrwert produzieren, sondern, weil sie gesellschaftlich notwendige Arbeit leisten." (Zaretsky 1974: 89)

So gesehen, sind wir nicht überrascht, wenn wir bei Zaretsky lesen, dass „die Spannungen zwischen (Feminismus und Sozialismus) (…) bis weit in die Zeit des Sozialismus reichen werden (…) weil mit der Errichtung einer sozialistischen Ordnung der Klassenkonflikt und die gesellschaftlichen Antagonismen nicht verschwinden, sondern häufig in einer schärferen und deutlicheren Form auftreten werden." (Zaretsky 1974: 83f.) Ganz recht so. Sollte diese Art von Revolution passieren, werden wir die ersten sein, die dagegen kämpfen.

Wenn die Linke tagein, tagaus Dinge vorschlägt, die auch vom Kapital kommen, dann wäre es unverantwortlich, nicht die Stimme dagegen zu erheben. Der Vorwurf, dass Löhne für

Hausarbeit Frauen im Haus institutionalisierten, kommt von allen linken Gruppen. Zugleich freuen sie sich darüber, dass wir in den Fabriken institutionalisiert werden. In dem Moment, als die Frauenbewegung allen Frauen Macht verlieh, ob sie nun im Haus oder in der Fabrik institutionalisiert waren, hatte es die Linke eilig, unsere Subversion in eine andere unverzichtbare kapitalistische Institution zu kanalisieren: die Gewerkschaften. Das ist nun die Welle, die die Linke reiten möchte.

Mit diesem Pamphlet wollen wir gegenüber der Linken eine klare Klassengrenze ziehen. Das Messer, mit dem wir diese Grenze ziehen, ist feministisch; es trennt aber nicht die Männer von den Frauen, sondern die Technokratie, die zu ihrer Kontrolle eingerichtet wurde, von der Arbeiter*innenklasse. Bisher waren wir zu zurückhaltend, es so offen zu sagen, aber die Linke hat uns mit dem Vorwurf erpresst, wir seien für den Staat, wenn wir nicht für sie seien, ganz so wie der amerikanische Staat die Rebell*innen mit dem Vorwurf erpresste, sie seien für den Kommunismus, und wie der russische Staat die Rebell*innen mit dem Vorwurf erpresste, sie seien für den Trotzkismus. Verabschieden wir uns von all dem!

Gender im *Kapital* von Marx

Das Interesse am Marxismus und am Feminismus nimmt zu, und die Marxsche Perspektive auf Gender erhält mehr Aufmerksamkeit. Zum Teil zeichnet sich da eine gewisse Übereinstimmung unter Feministinnen ab, was auch meinen Ansatz zu diesem Thema bestimmt.[1] Es besteht dahingehend Einigkeit, dass Marx, obwohl er in seinen frühen Texten Ungleichheiten zwischen den Geschlechtern und patriarchale Formen der Kontrolle, insbesondere in der bürgerlichen Familie,[2] kritisierte, „wenig über Gender und Familie zu sagen hatte." (Brown

1 Ausdruck dieses neuen Interesses an der Marxschen Gender-Theorie sind die Veröffentlichungen von Brown (2012) und Mojab (2015). Letztere entstand im Zuge der von der Rosa-Luxemburg-Stiftung organisierten Konferenz in Berlin. Siehe auch Giménez (2018).

2 In den „Ökonomisch-philosophischen Manuskripten aus dem Jahr 1844" argumentierte Marx in Anlehnung an Charles Fourier, dass die Beziehungen von Mann und Frau ein Maß des gesellschaftlichen Fortschritts seien und uns sagten, inwiefern der Mensch die Natur vermenschlicht habe. In der „Deutschen Ideologie" sprach er von der in „der Familie latente(n) Sklaverei", die darauf beruhe, dass sich der Vater die Arbeit der Frau und der Kinder aneignen könne. In seiner Übersetzung von Jaques Peuchets Essay „Über den Selbstmord" schilderte er, welche zerstörerischen Folgen die bürgerliche Moral für das Leben von Frauen hatte. Im „Kommunistischen Manifest" spottete er über die bürgerliche Familie und meinte, dass sie auf Ehebruch basiere und die Frauen dabei nur der Weitergabe von Privateigentum dienten.

2012: 143)[3] Wenn man unter Gender die Machtbeziehungen zwischen Frauen und Männern und das System von Regeln versteht, durch das diese geschaffen und durchgesetzt werden, dann wird deutlich, dass ein derart definiertes Gender kein Gegenstand der Analyse in der Marxschen Kritik der Politischen Ökonomie ist. Selbst in seinen Hauptwerken, im *Kapital* und in den *Grundrissen*, muss seine Sicht auf dieses Thema aus einzelnen Bemerkungen hergeleitet werden.

Nichtsdestotrotz besteht kein Zweifel, dass das Marxsche Werk einen wichtigen Beitrag zur Entwicklung feministischer Theorie leistete. Zum Teil stimme ich Martha Giménez (2018: 247) zu, dass die Marxsche Methodologie viel wichtiger ist als jedes Statement, das er über Frauen machte. Seine historische und materialistische Methode war uns nicht nur dabei behilflich, Genderhierarchien und Genderidentitäten zu dekonstruieren und zu zeigen, dass die „menschliche Natur" das Produkt sozialen Handelns ist (vgl. Holmstrom 1984: 456–473); seine Analyse gab uns auch die Werkzeuge an die Hand, um über die spezifischen Formen der Ausbeutung, denen Frauen durch die kapitalistische Organisation der Arbeit unterworfen sind, und über die Beziehung zwischen „Geschlecht", „Rasse" und „Klasse" nachdenken zu können. (Vgl. James 1975) Aber die Art und Weise, wie einige von uns Marx verwenden, weicht häufig von dem ab, was er skizziert hat.

Über Gender bei Marx zu schreiben, bedeutet also, sich mit zwei verschiedenen Perspektiven auf dieses Thema auseinanderzusetzen. Auf der einen Seite gibt es Kommentare, die

3 Siehe dazu auch Haugg (2015). Haugg schreibt dazu: „Die Leere und das Schweigen der Marxschen Analyse zum Thema Frauen ist bemerkenswert." (Haugg 2015, 81)

wir verstreut in seinen frühen Arbeiten und im ersten Band des *Kapital* finden, auf der anderen Seite gibt es die Perspektiven von Feministinnen, die seine Theorien über die kapitalistische Ausbeutung der Arbeit auf die Analyse der Arbeit von Frauen und der Organisation der Reproduktion anwandten und dabei versuchten, den Feminismus in einer antikapitalistischen Perspektive und Klassenperspektive zu verwurzeln. Dementsprechend habe ich die folgenden Überlegungen in zwei Teile gegliedert: Im ersten Teil sehe ich mir die Marxsche Sicht auf Gender genauer an, soweit sich diese aus seiner Analyse der Frauenarbeit

im ersten Band des *Kapital* erschließen lässt. Hier werde ich auch auf das eingehen, worüber er schweigt, insbesondere auf das Verhältnis von Frauen zur Hausarbeit. Ich behaupte, dass bei Marx die Frage der Hausarbeit in der Theorie keine Rolle spielt, weil er davon ausging, dass mit der Entwicklung der industriellen Produktion auch die Beschäftigung von Frauen in der Industrie zunähme, und weil er darüber hinaus nicht erkannte, über welche strategische Bedeutung die reproduktive Arbeit in all ihren Erscheinungsformen (Hausarbeit, Sexarbeit, Fortpflanzung) für die Reproduktion der Arbeitskraft und als Terrain des Klassenkampfs verfügt.

Das bedeutet, dass uns Marx, obwohl er patriarchale Verhältnisse missbilligte, eine Analyse von Kapital und Klasse hinterließ, die von einer männlichen Perspektive aus gedacht ist, der des „arbeitenden Mannes", des überwiegend weißen Industriearbeiters, in dessen Namen die Erste Internationale gegründet wurde; und dass Marx davon ausging, deren Interessen wären die Interessen aller Teile des Proletariats. Das bedeutete auch, dass sich viele Marxist*innen aufgrund dieser Analyse dazu ermutigt fühlten, Gender als eine von den materiellen Bedingungen der kapitalistischen Arbeitsorganisation losgelöste „kulturelle“ Angelegenheit zu behandeln, Feministinnen mit Argwohn zu begegnen und diese nicht selten zu beschuldigen, Spaltungen innerhalb der Arbeiter*innenklasse zu produzieren. Daher musste die feministische Bewegung, wie auch die antikoloniale Bewegung, ihre Theoriebildung mit einer Kritik an Marx beginnen, deren volle Tragweite wir noch gar nicht absehen können.

Im zweiten Teil greife ich die Kritik wieder auf, wie sie zuerst von den Theoretiker*innen der „Lohn-für-Hausarbeit“-Bewegung, deren Teil ich war, formuliert wurde.[4] Hier argumentiere ich, dass wir, weil wir die Marxsche Analyse des Kapitalismus „politisch“[5] lesen, seine Theorie der gesellschaftlichen Reproduktion erweitern und zur Grundlage einer feministischen Theorie machen können, die sich auf eine Neubestimmung der Hausarbeit als einer Tätigkeit, die Arbeitskraft produziert, konzentriert, und als solche eine zentrale Bedingung der kapitalistischen Produktion und Akkumulation von Reichtum darstellt.

Marx aus einer Perspektive zu lesen, die von der Verweigerung der Hausarbeit und der „Häuslichkeit“ bestimmt ist, zeigte uns, wo die Grenzen im theoretischen Ansatz von Marx liegen. Dadurch wurde deutlich, dass Feministinnen sein Werk nicht einfach ignorieren können, solange der Kapitalismus die dominante Produktionsweise ist, es aber Aspekte seiner politischen Theorie gibt, die wir nicht akzeptieren können, insbesondere im Hinblick auf seinen Arbeitsbegriff und seine Vorstellungen darüber, wer als Arbeiter*in und als revolutionäres Subjekt gilt.

4 Zu den klassischen Texten der „Lohn-für-Hausarbeit“-Bewegung gehören Dalla Costa (1975), James (1975) und Fortunati (1981). Zur Geschichte der Gruppe in New York siehe Federici und Austin (2019).

5 Ich beziehe mich hier auf den Text von Harry Cleaver „Reading Capital politically“(1979).

Marx und Gender in der Fabrik

Marx' Konzeption von Gender finden wir am deutlichsten im ersten Band des *Kapital*, wo er zum ersten Mal die Arbeit von Frauen in den Fabriken, Bergwerken und Kolonnen in der Landwirtschaft während der Industriellen Revolution behandelt. Nachdem von Ökonomen, Politikern und Philanthropen beklagt worden war, dass die Frauen, die in den Fabriken arbeiteten, die Familie zerstörten und zu unabhängig würden, die Vorrechte der Männer an sich rissen und sich auch noch an den Protesten der Arbeiter*innen beteiligten, wurde zu dieser Zeit auf beiden Seiten des Ärmelkanals genau das unter der „Frauenfrage" verstanden.[6] In Frankreich stand die Frage der „l'ouvrière", der Fabrikarbeiterin, „ganz oben in den Debatten über Moral, die Organisation der Wirtschaft und die Situation der Arbeiter*innenklasse. Fragen der politischen Ökonomie wurden auch mit der grundsätzlichen Debatte über Frauen, die damals den Aufstand probten, verbunden." (Scott 1988: 140)

In der Zeit, als Marx das *Kapital* zu schreiben begann, wurden in England bereits Reformen in die Wege geleitet, um die Fabrikarbeit von Frauen und Kindern einzuschränken. So konnte Marx auf eine reichhaltige Literatur zu diesem Thema zurückgreifen, vor allem auf die Berichte der Fabrikinspektoren, die von der Regierung beauftragt worden waren, die Einhaltung der neuen Gesetze zu kontrollieren.[7]

6 Zu den Debatten über die Folgen der Frauenarbeit als „Frauenfrage" im England des 19. Jahrhunderts siehe Lown (1990, 1–4 und 213–218). Zu den Debatten in Frankreich siehe Scott (1988, 139–166).

7 Über die Reformen der Frauen- und Kinderarbeit siehe neben Marx auch Lown (1990, 180–184)

Im ersten Band des *Kapital* zitiert er diese Bereiche seitenweise, insbesondere in den Kapiteln über den „Arbeitstag" und „Maschinerie und große Industrie", um die strukturellen Tendenzen der kapitalistischen Produktion zu veranschaulichen, beispielsweise die Tendenz, den Arbeitstag bis an die Grenzen der physischen Belastbarkeit auszudehnen, die Arbeitskraft zu entwerten und das Maximum an Arbeit aus einem Minimum an Arbeiter*innen zu extrahieren. Aus diesen Berichten erfahren wir vom Elend der Näherinnen, die an Überarbeitung, schlechter Luft und Mangelernährung zugrundegehen (vgl. MEW 23: 269), von jungen Mädchen, die vierzehn Stunden am Tag ohne Verpflegung arbeiten, halbnackt in die Minen kriechen, um die Kohle an die Oberfläche zu bringen, von Kindern, die mitten in der Nacht aus dem Bett geholt werden, „gezwungen, für die nackte Existenz zu arbeiten" (MEW 23: 258), ausgesaugt von einer Maschine, die einem Vampir gleicht und ihr Leben aufzehrt, „solange noch ein Muskel, eine Sehne, ein Tropfen Bluts auszubeuten" (MEW 23: 319) ist.

Nur wenige Autor*innen schilderten die Brutalität der kapitalistischen Arbeit, abgesehen von der Sklaverei, derart schonungslos wie Marx, und dafür sind wir ihm Anerkennung schuldig. Besonders eindrücklich ist seine Darstellung der barbarischen Ausbeutung von Kindern, die auch in der marxistischen Literatur ihresgleichen sucht. Trotz seiner sprachlichen Ausdruckskraft ist seine Darstellung jedoch mehr deskriptiv denn analytisch, und es ist wirklich erstaunlich, dass er die hier aufgeworfenen Genderfragen nicht behandelt.

Wir erfahren beispielsweise nicht, wie die Beschäftigung von Frauen und Kindern in den Fabriken die Beziehungen zwischen Männern und Frauen veränderte, welchen Einfluss sie auf die Kämpfe der Arbeiter*innen hatte, oder welche Debatten es dazu in den Organisationen der Arbeiter*innenbewegung gab. Vielmehr stoßen wir auf Kommentare, dass durch die Fabrikarbeit der „sittliche Charakter" der Frauen beeinträchtigt werde, weil „promiskuitives" Verhalten gefördert werde und Frauen ihre Pflichten als Mutter vernachlässigten. Es fehlt auch jede Schilderung von Frauen, die für sich selbst gekämpft haben.[8] Die weiblichen „Hände" in den Fabriken treten in der Regel nur als Opfer in Erscheinung, obwohl viele zeitgenössische Beobachter*innen durchaus ihre Unabhängigkeit, ihr ungestümes Verhalten und die Fähigkeit, ihre Interessen gegen die Fabrikeigner zu verteidigen, bemerkten.[9]

Gender und die Reproduktion der Arbeitskraft

Genderthemen kommen im *Kapital* bloß am Rande vor. Nur auf rund hundert Seiten gibt es in den drei Bänden mit tausenden Seiten Verweise auf Familie, Sexualität und Hausarbeit, und dabei handelt es sich meist um eher beiläufige Bemerkungen. Einen Bezug auf Gender vermissen wir sogar dort,

8 Der einzige Hinweis auf die Kämpfe von Fabrikarbeiterinnen findet sich in einer Fußnote im ersten Band des *Kapital* (MEW 23: 448 Fn 190), wo Marx den Streik der Weberinnen über die Frage der Zeitmessung erwähnt.

9 Für eine Darstellung der Kämpfe von Fabrikarbeiterinnen siehe Hewitt (1958) und Lown (1990), die über den Widerstand der Arbeiterinnen gegen die Fabrikgesetze in den 1830er-Jahren und die Kämpfe der Seidenarbeiterinnen berichten, die versuchten, „die Kontrolle über jene Bereiche des Lebens zu behalten, die für arbeitende Frauen schon immer zentral waren (…) Kinderbetreuung, Körperhygiene und Kleidung." (Lown 1990: 162) Sie erwähnen auch die jungen Frauen in der Fabrik, die „für eine neu gewonnene Freiheit und Unabhängigkeit von Frauen stehen." (Lown 1990: 43ff).

wo man am ehesten damit rechnete, wie in den Kapiteln über die gesellschaftliche Arbeitsteilung, den Lohn und die Reproduktion der Arbeitskraft. Wenn Marx die Existenz einer geschlechtlichen Arbeitsteilung in der Familie einräumt, stellt er lediglich fest, es gebe da eine physiologische Grundlage, und verabsäumt es, gegen die naturalisierenden Rechtfertigungen von „Weiblichkeit" und Familienbeziehungen darauf zu verweisen, dass diese Physiologie immer durch den Filter sozialer und kultureller Vermittlung wahrgenommen wird und dadurch zu Handlungen führt.[10]

In den Kapiteln über den Lohn geht es ihm, nachdem er die Lohnform diskutiert hat und wie die Extraktion der Mehrarbeit dadurch verschleiert wird, vor allem darum, den Unterschied zwischen „Nominallohn", „Reallohn" und die Frage der Akkordarbeit zu klären. Wir finden keinen Hinweis darauf, wie die Lohnform die reproduktive Arbeit verschleiert, die von Frauen zu Hause geleistet wird, und wie diese zur Reproduktion der Arbeitskraft beiträgt.

Marx ist sich zwar bewusst, dass die Arbeitskraft, das heißt, unser Vermögen zu arbeiten, nicht einfach gegeben ist. Tag für Tag wird sie im Arbeitsprozess vernutzt und muss daher ständig erneuert werden, und diese (Re-)Produktion ist für die Kapitalverwertung so entscheidend wie die „Reinigung der Maschine" (MEW 23: 597), denn es handelt sich dabei um die Produktion des wertvollsten Produktionsmittels der Kapitalisten: der Arbeiter*innen selbst. Marx verortet diese Produktion jedoch ausschließlich innerhalb des Kreislaufs der Warenpro-

10 Marx dazu: „Innerhalb einer Familie (...) entspringt eine naturwüchsige Teilung der Arbeit aus den Geschlechts und Alterverschiedenheiten, also auf rein physiologischer Grundlage (...)." (MEW 23: 372)

duktion und nimmt davon nur jene Tätigkeiten aus, die mit der Ausbildung der Arbeiter*innen zu tun haben. Er geht davon aus, dass sich die Arbeiter*innen mit ihren Löhnen alles, was sie zum Leben brauchen, kaufen, und sich durch ihren Konsum selbst reproduzieren. Er meint im Grunde also, dass sich die Lohnarbeiter*innen durch die von ihnen produzierten Waren (re-)produzierten. Damit ist „(...) der Wert der Arbeitskraft der Wert der zur Erhaltung ihres Besitzers notwendigen Lebensmittel“ (MEW 23: 184), bestimmt durch die Arbeitszeit, die notwendig ist, um die Lebensmittel zu produzieren, die die Arbeiter*innen konsumieren.

An keiner Stelle im *Kapital* anerkennt Marx, dass die Reproduktion der Arbeitskraft irgendeine Form der Hausarbeit – Zubereitung von Essen, Wäsche waschen und flicken, putzen, Kinder erziehen, Liebe machen – notwendig macht. Unter „Hausarbeit“ versteht Marx das, was wir heute „Heimarbeit“ nennen würden, also Lohnarbeit, die im eigenen Haus verrichtet wird.[11] Nur die Arbeit zur Produktion der „Lebensmittel“, die sich die Arbeiter*innen mit ihren Löhnen kaufen, ist bei Marx zur Reproduktion der Arbeitskraft nötig und trägt zu ihrem Wert bei. So listet er, wenn er über die von den Arbeiter*innen zu befriedigenden Bedürfnisse schreibt, bloß „Nahrung, Kleidung, Heizung, Wohnung“ (MEW 23: 184) auf und lässt peinlicherweise Sex aus, unabhängig davon, ob man diesen in einer familiären Umgebung bekommt oder käuflich erwirbt. Er übersieht auch die Tatsache, dass einige der wich-

11 Frigga Haug weist darauf hin, dass „Marx und Engels Hausarbeit in erster Linie als Lohnarbeit verstanden, die im Haus verrichtet wird, und das was im 20. Jahrhundert als Hausarbeit verstehen wird als Familienarbeit bezeichnet.“ (Haugg 2015: 91)

tigsten Waren zur Reproduktion der Arbeitskraft in Europa, welche die Industrielle Revolution befeuerten, wie Kaffee, Zucker, Tabak und Baumwolle, durch die Arbeit von Sklav*innen auf den amerikanischen Plantagen produziert wurden.

Es gibt nur wenige Passagen, in denen er sein Schweigen über die Hausarbeit der Frauen bricht, wobei er dann meist von „Familienarbeit" spricht. In einer Fußnote des Kapitels „Maschinerie und große Industrie" schreibt er, nachdem er festgestellt hat, „(...) wie das Kapital die für die Konsumtion nötige Familienarbeit usurpiert hat zu seiner Selbstverwertung" (MEW 23: 416 Fn 120), folgendes:

„Da gewisse Funktionen der Familie, z.B. Warten und Säugen der Kinder usw., nicht ganz unterdrückt werden können, müssen die vom Kapital konfiszierten Familienmütter mehr oder minder Stellvertreter dingen. Die Arbeiten, welche der Familienkonsum erheischt, wie Nähen, Flicken usw., müssen durch Kauf fertiger Waren ersetzt werden. Der verminderten Ausgabe von häuslicher Arbeit entspricht also vermehrte Geldausgabe. Die Produktionskosten der Arbeiterfamilie wachsen daher und gleichen die Mehreinnahme aus. Es kommt hinzu, daß Ökonomie und Zweckmäßigkeit in Vernutzung und Bereitung der Lebensmittel unmöglich werden." (MEW 23: 417 Fn 121)

Über diese Hausarbeiten, „die nicht ganz unterdrückt werden können" (MEW 23: 417, Fn 121) und durch gekaufte Güter ersetzt werden müssen und damit das Familieneinkommen reduzieren, sagt er aber nichts weiter. Selbst dann, wenn er diskutiert, wie die Reproduktion der Arbeitskraft über mehrere Generationen erfolgt, erwähnt Marx den Beitrag der Frauen mit keinem Wort, sondern spricht bloß vom „natürlichen Zuwachs der Arbeitermasse" (MEW 23: 671) und schreibt: „Der Kapitalist kann ihre Erfüllung getrost dem Selbsterhaltungs- und Fortpflanzungstrieb der Arbeiter überlassen." (MEW 23: 597) Obwohl ihm bewusst gewesen sein muss, dass proletarische Frauen eine Schwangerschaft fürchteten und Arbeiter*innen sich intensiv mir Verhütungsmethoden auseinandersetzten.

Warum also dieses Schweigen bei Marx?

Um zu erklären, warum Marx gegenüber einer so allgegenwärtigen Form der Arbeit wie der Hausarbeit, die sich täglich vor seinen Augen in seinem eigenen Haus abgespielt haben muss, derart blind sein konnte, habe ich in früheren Texten

betont, dass diese Arbeit zu Marxens Zeiten in proletarischen Haushalten so gut wie nicht vorkam, da die ganze Familie von Sonnenaufgang bis Sonnenuntergang in der Fabrik schuftete. (Vgl. Federici 2020: 104) Für Marxist*innen ist das bis heute die gängigste Erklärung (vgl. Bellamy Foster 2018), denn Marx legt uns diese Schlussfolgerung nahe. Er zitiert einen Arzt, der von der englischen Regierung ausgesandt worden war, um den Gesundheitszustand in den Industriebezirken zu erheben, und stellt fest, die durch den Amerikanischen Bürgerkrieg bedingte Schließung der Baumwollspinnereien habe zumindest einen positiven Effekt gehabt:

> „Die Arbeiterfrauen fänden jetzt die nötige Muße, ihren Kindern die Brust zu reichen, statt sie mit Godfrey's Cordial (einem Opiat) zu vergiften. Sie hätten die Zeit gewonnen, kochen zu lernen. Unglücklicherweise fiel diese Kochkunst in einen Augenblick, wo sie nichts zu essen hatten. (...) Ebenso wurde die Krise benutzt, um in eignen Schulen die Töchter der Arbeiter nähen zu lehren. Eine amerikanische Revolution und eine Weltkrise erheischt, damit die Arbeitermädchen, die für die ganze Welt spinnen, nähen lernen!" (MEW 23: 416 Fn 120)

Marx lag im Hinblick auf das Verschwinden der häuslichen Fertigkeiten unter den Fabrikarbeiterinnen, was sogar von der Bourgeoisie beklagt wurde, sicherlich richtig, aber der dramatische Rückgang an Zeit und Ressourcen, die zur Reproduktion der Arbeitskraft notwendig waren, wie es Marx und Engels beschrieben, war beileibe kein allgemeines Phänomen. Nur 20 bis 30 Prozent der Arbeiterinnen standen in der Fabrik, von denen viele, sobald sie ein Kind erwarteten, die Fabrik auch wieder verließen. Darüber hinaus hatten die Arbeiterinnen Mitte des 19. Jahrhunderts einen freien Samstagnachmittag durchgesetzt. So sehr die Hausarbeit auch durch „das Kapital usurpiert" sein mochte, gab es trotzdem in den Industrievierteln Hausarbeit: nachts und sonntags, verrichtet von sehr jungen oder älteren Frauen, die von den Fabrikarbeiterinnen angestellt worden waren, um sich um deren Kinder zu kümmern. Darüber hinaus war, wie wir in den von ihm zitierten Berichten und den daraus resultierenden Reformen sehen können, der Widerspruch zwischen Fabrikarbeit und „reproduktiven Pflichten" der Frauen zu Marxens Zeit ein zentrales Thema. In den 1830er-Jahren standen Hausarbeit und Familie im Mittelpunkt einer lebhaften Debatte unter Sozialist*innen, Anarchist*innen und der entstehenden Frauenbewegung.[12]

12 Siehe dazu Hayden (1982: 1–8) und Scott (1988: 94f.). Letzter schreibt, dass die „kritische Literatur der 1830er und 1840er Jahre voller Bezugnahme auf die Familie und die Eigenheiten von Männern und Frauen ist. Stets ist von Geschlechterdifferenz die Rede, ob man nun über die Forderungen nach höheren Löhnen, die Angriffe auf den Geiz der Bourgeoisie liest, oder den Rednern zuhört, die die Armut der Arbeiter*innen anklagen, oder die das Glas auf eine bessere Gesellschaft erheben. In den Entwürfen der utopischen Sozialisten dieser Zeit war die Familie stets ein zentrales Thema, ob nun bei Charles Fourier und den Anhänger

Reproduktive Tätigkeiten waren ein wichtiges Thema für die Frühsozialisten wie Charles Fourier, der eine ausgeklügelte Theorie aufstellte, um zu zeigen, dass sogar die mühsamsten und unangenehmsten Arbeiten in ein Spiel verwandeln werden könnten, wenn man sie in die Hände von Kindern legte. (Vgl. Fourier 1971: 171–176) Noch entscheidender ist aber, dass die Hausarbeit unter den sozialistischen Frauen, die in der Tradition von Owen standen, ein viel diskutiertes Thema war. In den 1830er- und 1840er-Jahren setzten sie sich ausführlich mit kollektiver Kindererziehung auseinander und hielten Versammlungen ab, zu denen tausende Menschen kamen, darunter auch „viele Frauen, die nicht selten ihre Kinder am Arm trugen." (Taylor 1979: 10)

Warum also wieder dieses Schweigen bei Marx?

Zweifellos steckt ein Teil der Antwort darin, dass auch Marx nicht vor patriarchalen Traditionen gefeit war und die reproduktive Arbeit der Frauen als eine natürliche, instinktive, quasi-biologische Tätigkeit betrachtete. Möglicherweise leistete auch der Umstand, dass in der ersten Phase der kapitalistischen Entwicklung die reproduktive Arbeit der kapitalistischen Produktion nur „formell subsumiert"[13] war, das heißt,

von Saint-Simon, die Experimente mit alternativen Formen der Familienorganisation stark machten, oder bei Etienne Cabet, der sich durch eine qualitative Anhebung der Zufriedenheit in traditionellen Beziehungen mehr versprach. Die Neugestaltung der Arbeit und der Zusammenschluss der Arbeiter*innen waren nur zwei Themen des Protests der Arbeiter*innen dieser Zeit. Die Familie war das dritte und damit in Zusammenhang stehende Thema." (Scott 1988: 94–95)

13 Marx spricht von „reeller" und „formeller" Subsumtion, um den Prozess zu beschreiben, bei dem sich das Kapital in der ersten Phase der ka-

dass sie noch nicht umgestaltet worden war, um den besonderen Anforderungen des Arbeitsmarktes zu dienen, einen Beitrag zu ihrer Naturalisierung. Doch hätte ein so kluger Theoretiker wie Marx erkennen müssen, dass die Hausarbeit, auch wenn sie als uralte, natürliche Tätigkeit und persönliche Dienstleistung erscheint, in Wirklichkeit genauso wie die Produktion von Waren eine historisch spezifische Form der Arbeit ist, das Produkt der Trennung von Produktion und Reproduktion, die es bisher in Gesellschaften, die nicht vom Wertgesetz bestimmt waren, nicht gab, und die in den proletarischen Communities unerlässlich für die Produktion der Arbeitskraft war. (Vgl. Fortunati 1995; Federici 2004)

Hat sich Marx über die Hausarbeit ausgeschwiegen, weil er keine gesellschaftlichen Kräfte sah, die in der Lage gewesen wä-

pitalistischen Akkumulation die Arbeit aneignet, ohne den Arbeitsprozess selbst umzugestalten. Wohingegen wir von „reeller Subsumption" sprechen, wenn das Kapital die Arbeit und den Produktionsprozess unmittelbar nach seinen Bedürfnissen formt. Erst mit der Einführung des „Familienlohns" und dem Wandel der proletarischen Familie zwischen 1870 und dem Ersten Weltkrieg erfolgte diese Veränderung, wie ich später noch zeigen werde. Wobei Harry Cleaver in seiner Antwort auf diesen Artikel deutlich machte, dass wir diesen Wandel auch nicht überbewerten sollten, da „bei der Produktion von Arbeitskraft wie bei anderen Waren die Geschichte zeigt, dass sehr unterschiedliche Formen mit entsprechenden Überschneidungen nebeneinander existierten." Während es beispielsweise lange dauerte, bis sich die Kapitalisten dafür einsetzten, „Hauswirtschaft" zu lehren, engagierten sie sich schon früh in der Errichtung von Wohnungen für Arbeiter*innen, wie wir das auch bei Engels ins seinen Texten über die *Lage der arbeitenden Klasse in England* (1845) und *Zur Wohnungsfrage* (1872) nachlesen können. Und selbstverständlich war die Kleidung der Arbeiter*innenklasse der größte Absatzmarkt für die frühkapitalistische Textilindustrie.

ren, die Hausarbeit in eine revolutionäre Richtung zu lenken? Wenn wir das „Kapital politisch lesen", wie uns Harry Cleaver (1979) nahelegt, und dabei berücksichtigen, dass seine Theoriebildung immer organisatorische Folgerungen und Möglichkeiten mitdachte, ist das eine legitime Frage.[14] Es ist auch denkbar, dass er in der Frage der Hausarbeit so zurückhaltend war, weil er befürchtete, damit den bürgerlichen und gewerkschaftlichen Reformen, die die Hausarbeit schönredeten, um die Frauen von der Industriearbeit auszuschließen, in die Hände zu spielen.[15] Aber eine plausiblere Antwort ist dann doch, davon auszugehen, dass sein Desinteresse an der Hausarbeit tiefere Ursachen hatte und aus seiner Vorstellung rührte, was Arbeit sei, was daran Wert habe, und welche Formen der Arbeit für die kapitalistische Entwicklung und den Klassenkampf relevant seien.

Zum Marxschen Arbeitsbegriff

Der Begriff „Arbeit" bezieht sich bei Marx auf qualitativ verschiedene Tätigkeiten und gesellschaftliche Verhältnisse. Das beginnt bei „freien Tätigkeiten", die ohne jeden äußeren Zwang als Verwirklichung eines bewussten, selbstbestimmten Zwecks ausgeübt werden und das freie Spiel unserer geistigen und körperlichen Kräfte erlauben, für Marx die höchste Form der Arbeit, die uns als Mensch ausmacht und ein grundlegendes Bedürfnis unseres Lebens ist, und geht bis zu den verschie-

14 Das ist ein Punkt, auf dem Antonio Negri (1991: 182) beharrt.

15 Neben anderen beschreibt Wally Secombe (1993: 114–119), dass auch innerhalb der Gewerkschaften die Forderung nach höheren Löhnen häufig mit dem Argument untermauert wurde, dass die Ehefrauen zu ihrer eigentlichen Rolle zurückkehren könnten.

denen Formen der Arbeit, die unsere materiellen Bedürfnisse befriedigen.

Ganz offensichtlich besteht für Marx ein immenser Unterschied zwischen Tätigkeiten, die aus Notwendigkeit verrichtet werden, aber nicht ausbeuterisch sind, und jenen Tätigkeiten, die unter dem Druck eines äußeren Kommandos ausgeführt werden. Von ersteren schreibt Marx, die Arbeit sei als „Bildnerin von Gebrauchswerten" „eine von allen Gesellschaftsformen unabhängige Existenzbedingung des Menschen, ewige Naturnotwendigkeit, um den Stoffwechsel zwischen Mensch und Natur, also das menschliche Leben zu vermitteln." (MEW 23: 57)

Letztere ist für Marx im Gegensatz dazu entfremdete Arbeit, mehr Selbstentfremdung als Selbstverwirklichung. Nichtsdestotrotz betrachtete er die Lohnarbeit in der Industrie als etwas Positives und schrieb ihr einen erzieherischen Charakter zu, der die Arbeiter*innen mit den Fähigkeiten, dem Wissen und den Eigenschaften ausstatte, derer es bedürfe, um das ökonomische und soziale Leben zu gestalten.[16] Marx schätzte darüber

16 Das Marxsche Verständnis der industriellen Arbeit als einer rationelleren, einer – im weitesten Sinne des Wortes – lehrreicheren Art von Arbeit erinnert an die „allgemeine Arbeitsfähigkeit" bei Alfred Marshall in seinen *Principles of Economics* (1890), wo Marshall diese als eine neue Fertigkeit beschrieb, über die zu seinen Lebzeiten nur wenige Arbeiter*innen verfügten und die nicht „einem bestimmten Beruf eigentümlich" wäre, aber von allen erwartet wurde und die Arbeiter*innen dazu in die Lage versetzte, „jede Art von Arbeit über einen langen Zeitraum zu verrichten, viele Dinge gleichzeitig im Kopf zu behalten (...) sich schnell an Veränderungen bei dieser Arbeit zu gewöhnen, zuverlässig und vertrauenswürdig zu sein." Marshall beharrte, ganz im Einklang mit den Reformern des 19. Jahrhunderts, jedoch darauf, diese „allgemeine Arbeitsfähigkeit" vor allem „zu Hause und insbesondere durch die Mütter" geschaffen wird. Das war der Grund, warum er sich gegen

hinaus die Industriearbeit als eine kooperative und hochproduktive Form der Arbeit, die, sobald unter der Kontrolle der Arbeiter*innen, die Zeit und Energie reduzieren könnte, die wir zur Befriedigung unserer Bedürfnisse aufwenden müssen, und uns dazu befreite, „höhren Tätigkeiten“[17] nachzugehen, die nach Marx aus literarischer, künstlerischer und wissenschaftlicher Beschäftigung bestehen und rein gar nichts mit den täglichen Mühen der Hausarbeit zu tun haben.

Ich behaupte, dass Marx die Hausarbeit ignorierte, weil sie weder eine „freie Tätigkeit“ im beschriebenen Sinne ist, da sie durch und durch Überlebensnotwendigkeit ist, noch das Potenzial hat, uns von der Mühsal zu befreien, und vielmehr als eine archaische Form der Arbeit erscheint, ein gesellschaftliches Relikt, das bald vom Fortschritt der Industrialisierung verdrängt würde.

Marx stellt nirgendwo Mutmaßungen darüber an, wie die Reproduktionsarbeit, insbesondere die Hausarbeit, im Kommunismus (neu) organisiert werden könnte. Wie Engels blickte er freudig einer postkapitalistischen Welt entgegen, in der Frauen den Männern gegenüber Gleichheit erlangen, indem sie Seite an Seite mit den Männern in den Fabriken stehen, und er rühmte die Industrialisierung dafür, es den Frauen zu ermöglichen, Teil der „gesellschaftlichen Produktion“ (MEW 23: 661) zu werden,

die Beschäftigung von Frauen außerhalb des Hauses aussprach. Marx dagegen schreibt nichts über die Arbeit der Mütter, er stellt lediglich fest, dass sie fehlt, und darüber hinaus weiß er auch nichts über das Potenzial der reproduktiven Arbeit als Grundlage für den Widerstand der Arbeiter*innen zu sagen.

17 Zur Industriearbeit als Mittel zur Steigerung der Kooperation, der Produktivität und dadurch der Zeit, die es braucht, um Waren zu produzieren, und als Gleichmacher siehe Marx (MEW 23, 416, 424, 442).

an der sie sonst wahrscheinlich nie teilgenommen hätten.[18] So schreibt er am Ende des Kapitels über die „Maschinerie und Große Industrie" an der Stelle, wo er die Einführung der Schulpflicht für die Kinder aus den Fabriken behandelt, folgendes: „So furchtbar und ekelhaft nun die Auflösung des alten Familienwesens innerhalb des kapitalistischen Systems erscheint, so schafft nichtsdestoweniger die große Industrie mit der entscheidenden Rolle, die sie den Weibern, jungen Personen und Kindern beiderlei Geschlechts in gesellschaftlich organisierten Produktionsprozessen jenseits der Sphäre des Hauswesens zuweist, die neue ökonomische Grundlage für eine höhere Form der Familie und des Verhältnisses beider Geschlechter." (MEW 23: 514)

Marx irrte mit dieser Vorhersage. Die Kapitalistenklasse brachte aus Angst vor dem Klassenkampf und einer möglichen Ausrottung der Arbeiter*innenklasse zuerst in England und dann in den Vereinigten Staaten, gerade als Marx dabei war, den ersten Band des *Kapital* abzuschließen, eine umfassende Sozialreform auf den Weg, die zu einem dramatischen Rückgang der Frauen in der Industrie führte und die Familie der Arbeiter*innenklasse neu organisierte, was wiederum die Ungleichheiten zwischen den Geschlechtern vertiefte.

18 Gisela Bloch und Barbara Duden betonten jedoch, dass es keine historische Grundlage für die Idee gibt, der sich Marx und die Sozialist*innen verschrieben, dass die Entwicklung des Kapitalismus „mit seiner zunehmenden Industriearbeit für Frauen, diese von der alten feudalen Herrschaft der Hausarbeit und der Bevormundung durch die Männer befreite oder befreit." (Bloch / Duden: 157) Es ist darüber hinaus umstritten, ob Frauen durch den geringeren Bedarf an körperlicher Kraft von der Industriearbeit angezogen wurden. Die Darstellung, die uns Marx selbst über die Beschäftigung von Frauen und Kindern in den Bergwerken wie in den Fabriken liefert, sollte diese Vermutung hintan stellen.

Marx sah diese Veränderungen nicht vorher. Obwohl er sich der immensen Verschwendung von Leben durch das kapitalistische System überaus bewusst war, erkannte er nicht, dass es bei der Einführung dieser „Arbeitsschutzgesetze", welche die Frauen und Kinder nach und nach aus den Fabriken vertrieben, um viel mehr ging als um die Reform der Fabrikarbeit. Die Arbeitszeitverkürzung für Frauen führte dazu, dass proletarische Frauen wieder an den Herd gebunden waren, um für die tägliche und generationsübergreifende Reproduktion der Arbeitskraft zu sorgen. Durch diesen Schritt war das Kapital nicht nur in der Lage, dem bedrohlichen Aufstand der Arbeiter*innenklasse, der in den 1870er-Jahren wieder an Fahrt aufnahm, Herr zu werden, sondern es konnte auch ein neuer Typus von Arbeiter*in geschaffen werden: stärker, disziplinierter, widerstandsfähiger und eher geneigt, die Ziele des Systems zu den eigenen zu machen, einen Typus von Arbeiter*in also, der die Anforderungen der kapitalistischen Produktion als „selbstverständliche Naturgesetze" (MEW 23: 765) ansah. Dieser Typus von Arbeiter*in versetzte den britischen und US-amerikanischen Kapitalismus am Ende des Jahrhunderts in die Lage, einen technologischen und gesellschaftlichen Umbruch durchzusetzen: von der Leicht- zur Schwerindustrie, von Textilien zu Stahl, von der Mehrwertproduktion, die auf der Ausdehnung des Arbeitstags beruhte, zu einer Verkürzung des Arbeitstages, die durch die Intensivierung der Ausbeutung kompensiert wurde.

Ich werde später darauf zurückkommen, dass die Schaffung dieser Arbeiter*innenfamilie und der proletarischen Vollzeithausfrau ein entscheidender Teil im Übergang von der absoluten zur relativen Mehrwertproduktion war. Dabei durchlief die Hausarbeit selbst einen Prozess der „reellen Subsumtion", indem sie erstmals zum Ziel staatlicher Einflussnahme wurde, die sie enger an die Anforderungen des Arbeitsmarktes und die kapitalistische Arbeitsdisziplin band. Diese Veränderungen, die mit der Blütezeit des britischen Imperialismus zusammenfielen, die dem Land immense Reichtümer bescherten und auch die Löhne der Arbeiter*innen in die Höhe trieben, waren aber nicht der einzige Faktor, der für die Befriedung der Arbeiter*innen sorgte. Dass die Kapitalistenklasse in die Arbeitskraft investieren würde, um eine diszipliniertere und produktivere Arbeitskraft zu bekommen, war jedoch ein Prozess von einschneidender historischer Bedeutung, der in der Strategie des Fordismus und des New Deal seinen Höhepunkt finden sollte. Dieser „Deal" bestand bis in die 1970er-Jahre, als ihm die Kämpfe der Frauen und die feministische Bewegung ein Ende setzten.

Feminismus, Marxismus und die Frage der Reproduktion

Wenngleich Marx, der als Befürworter der „Emanzipation der Frau" galt, weil sie dadurch Teil der gesellschaftlichen Produktion werde, in der Regel verstanden als industrielle Arbeit, Generationen von Sozialist*innen beeinflusste, entdeckten in den 1970er-Jahren die Feministinnen einen anderen Marx. Im Zuge der Revolte gegen die Hausarbeit und die ökonomische Abhängigkeit von Männern und auf der Suche nach einer Theorie, mit der sie die Unterdrückung der Frauen aus einer Klassenperspektive verstehen konnten, griffen sie auf sein Werk zurück. Das führte zu einer theoretischen Revolution, die sowohl den Marxismus als auch den Feminismus verändern sollte.

Die Analyse der Hausarbeit von Mariarosa Dalla Costa (1975: 31) als Schlüsselelement der Produktion von Arbeitskraft und die Arbeit von Selma James (1975), die Hausfrauen mit den nicht-entlohnten Proletarierinnen der Welt in Beziehung setzte, die nichtsdestotrotz zentral für die Kapitalakkumulation sind, und ihre Neubestimmung des Lohnverhältnisses als Instrument der Naturalisierung und Verschleierung ganzer Teile der Ausbeutung: Diese theoretischen Entwicklungen und die dadurch ausgelösten Diskussionen wurden bisweilen als „Hausarbeitsdebatte" bezeichnet, weil es vermeintlich nur um die Frage ging, ob Hausarbeit produktiv sei oder nicht. Das ist eine grobe Verzerrung, denn die Entdeckung der zentralen Bedeutung der unbezahlten Hausarbeit von Frauen für die Produktion der Arbeitskraft bestimmte nicht nur die Hausarbeit neu, sondern auch den Charakter des Kapitalismus und

des Kampfes gegen ihn.

Nicht zufällig war die Marxsche Auseinandersetzung mit der „einfachen Reproduktion" in diesem Zusammenhang eine theoretische „Erleuchtung". Bei Marx ein Argument zu finden, wonach die Tätigkeiten, welche die Arbeitskraft reproduzieren, wesentlich für die kapitalistische Akkumulation seien, machte die Klassendimension unserer Verweigerung sichtbar. Dadurch wurde deutlich, dass diese viel verschmähte Arbeit, die von Sozialist*innen immer als selbstverständlich und rückständig abgetan wurde, in Wirklichkeit den Grundpfeiler der kapitalistischen Organisation von Arbeit darstellt. Das beantwortete die leidige Frage nach dem Verhältnis zwischen Gender und Klasse und gab uns Werkzeuge an die Hand, um nicht nur die Funktion der Familie zu begreifen, sondern auch, wie tief der Klassenantagonismus in der kapitalistischen Gesellschaft verankert ist. Praktisch gesehen, wurde dadurch bestätigt, dass wir als Frauen nicht mit den Männern in die Fabrik gehen müssen, um Teil der Arbeiter*innenklasse zu sein und uns im antikapitalistischen Kampf zu engagieren. Wir können, ausgehend von unserer Arbeit im Haus als dem „Nervenzentrum" der Produktion der Arbeitskraft, autonom kämpfen. (Vgl. Fortunati 1995:

125) Dieser Kampf musste aber zuallererst gegen die Männer in unseren eigenen Familien geführt werden; denn durch den Lohn des Mannes, die Ehe und die Ideologie der Liebe versetzte der Kapitalismus die Männer in die Lage, unsere unbezahlte Arbeit zu überwachen und zu kommandieren sowie unsere Zeit und unseren Raum zu beherrschen. Die Ironie daran ist, dass uns unsere Begegnung mit und die anschließende Aneignung der marxistischen Analyse der Reproduktion der Arbeitskraft die Bedeutung zeigte, die Marx für den Feminismus hat, aber auch den Nachweis lieferte, dass wir Marx auf den Kopf stellen und unseren Kampf eben genau in dem Teil der „gesellschaftlichen Fabrik" beginnen müssen, den er in seinem Werk ausgespart hat.

Die zentrale Bedeutung der reproduktiven Arbeit für die Kapitalakkumulation zu entdecken, warf auch die Frage auf, wie eine Geschichte der kapitalistischen Entwicklung aussähe, wenn wir sie nicht aus der Perspektive der Entstehung der Lohnarbeit betrachteten, sondern aus der Perspektive der Küchen und Schlafzimmer, wo die Arbeitskraft Tag für Tag und über Generationen hinweg produziert wird. Weil es eine genderspezifische Geschichte des Kapitalismus jenseits der „Frauengeschichte" oder der Geschichte der bezahlten Arbeit brauchte, versuchte ich, die Marxsche Darstellung der sogenannten ursprünglichen Akkumulation anders zu denken und kam zum Schluss, dass die Hexenjagden des sechzehnten und siebzehnten Jahrhunderts als ein grundlegendes Moment im Prozess der Abwertung der Arbeit von Frauen und der Entstehung einer spezifischen geschlechtlichen Arbeitsteilung im Kapitalismus verstanden werden müssen. (Vgl. Federici 2004: 92–102) Zugleich stellte die Erkenntnis, dass die sogenannte ursprüngliche Akkumulation entgegen der Marxschen Annahme zu einem permanenten Prozess geworden war, auch die Marxsche Vorstellung von der kapitalistischen Entwicklung als einer notwendigen Vorbedingung für den Aufbau einer kommunistischen Gesellschaft infrage. Dadurch wurde das Marxsche Geschichtsverständnis von aufeinanderfolgenden Stadien, in denen der Kapitalismus als das Fegefeuer dargestellt wird, das wir am Weg zur Freiheit passieren müssen, widerlegt.

Die Entstehung des Öko-Feminismus, der die Marxsche Abwertung der Arbeit von Frauen und der Reproduktion mit seiner Überzeugung verbindet, die historische Mission der Menschheit bestehe in der Beherrschung der Natur, stärkte unseren Standpunkt. Die Arbeiten von Maria Mies und Ariel Salleh waren hier besonders wichtig, denn in diesen wurde gezeigt, dass die Ignoranz gegenüber reproduktiven Tätigkeiten kein Zufall ist und systematisch passiert, unabhängig davon, welche Rolle Marx diesen Tätigkeiten im *Kapital* zuschrieb. Ariel Salleh drückt es folgendermaßen aus:

> „Es zieht sich bei Marx durch, dass alles, was von Männern und der Technologie geschaffen wurde, einen höheren Wert hat: Die Geschichte beginnt überhaupt erst mit dem Akt der Produktion, Menschen verwirklichen sich selbst durch die Arbeit, und ein Maß ihrer Selbstverwirklichung ist ihr Vermögen, die Natur zu beherrschen und menschlichen Bedürfnissen anzupassen, und alle positiven transformativen Tätigkeiten werden männlich gedacht: Die Arbeit wird als der Vater, und die Natur als die Mutter beschrieben." (Salleh 1997: 72)

Auch die Erde wird als etwas Weibliches gesehen: Marx nennt sie *Madame la Terre*, im Gegensatz zu *Monsieur le Capital*.

Heute ist nur allzu offensichtlich, wie sehr Marx und ganze Generationen von marxistischen Sozialist*innen im Hinblick auf die befreienden Effekte der Industrialisierung falsch lagen. Heute würde wohl niemand mehr davon träumen, eines Tages alle Lebensmittel chemisch herstellen zu können, sie in einer kleinen Box voller Chemikalien herumzutragen und so den Bedarf an Eiweiß, Fett und Kohlehydraten, unabhängig von der Tages- und Jahreszeit, zu decken, wie es sich August Bebel in seinem 1903 erschienenen Buch *Die Frau im Sozialismus* ausmalte. Angesichts dessen, dass die Industrialisierung jetzt in ihrer digitalen Form die Erde zerstört und Wissenschafter*innen im Dienste des Kapitals mittlerweile an der Produktion von Leben außerhalb des Körpers von Frauen experimentieren, ist die Vorstellung, die Industrialisierung auf alle unsere reproduktiven Tätigkeiten und jeden Flecken der Welt auszudehnen, ein Alptraum, der noch schlimmer ist als jener, den wir bereits mit der Durchindustrialisierung der Landwirtschaft erleben.

Es ist nicht überraschend, dass es in radikalen Kreisen einen „Paradigmenwechsel" gab, weil die Hoffnung auf die Maschinen als treibende Kraft des „historischen Fortschritts" durch eine Rückbesinnung auf Fragen, Werte und Beziehungen abgelöst wurde, die aus der Reproduktion unseres Lebens und des Ökosystems, in dem wir leben, stammen. Man sagt, dass auch Marx am Ende seines Lebens, als er sich mit den egalitären, matrilinearen Gemeinschaften des amerikanischen Nordostens beschäftigte, seine historische Perspektive zu überdenken begann, seine Idealisierung der kapitalistischen industriellen Entwicklung revidierte und die Macht der Frauen würdigte.[19] Nichtsdestotrotz gewinnt aber diese prometheische Sicht auf die tech-

19 Siehe dazu die Auseinandersetzung von Brown (2012) mit den ethnologischen Exzerptheften von Marx, insbesondere die Kapitel sechs und sieben ihres Buches.

nologische Entwicklung, für die sich Marx und Generationen von Marxist*innen stark machten, wieder an Anziehungskraft und feiert geradezu ein Comeback, in dem die digitalen Technologien für einige dieselbe emanzipatorische Rolle spielen, die Marx der Automatisierung zuschrieb, wodurch die Welt der Reproduktion und der Care-Arbeit, die Feminist*innen als Feld der Transformation und des Kampfes ausgemacht hatten, Gefahr läuft, wieder einmal an den Rand gedrängt zu werden. Deshalb ist es so wichtig, zu betonen, dass, auch wenn Marx der Frage des Gender in seiner Arbeit so wenig Platz einräumte und er seine Sichtweise im Laufe der Jahre verändert haben mag, wie ich das in diesem Text herauszuarbeiten versucht habe, sein Schweigen zu diesem Thema kein Versehen ist, sondern eine Grenze aufzeigt, die er in seiner theoretischen und politischen Arbeit nicht überwinden konnte, die wir aber umso dringender überwinden müssen.

Marxismus, Feminismus und die Commons

„Der Kommunismus ist für uns nicht ein Zustand, der hergestellt werden soll, ein Ideal, wonach die Wirklichkeit sich zu richten haben [wird]. Wir nennen Kommunismus die wirkliche Bewegung, welche den jetzigen Zustand aufhebt. Die Bedingungen dieser Bewegung ergeben sich aus der jetzt bestehenden Voraussetzung.“ (MEW 3: 35)

Mit welchen Werkzeugen, Prinzipien und Ideen kann der Marxismus etwas zur zeitgenössischen feministischen Theorie und Praxis beitragen? Können wir die Beziehung zwischen Marxismus und Feminismus heute anders denken als Heidi Hartmann, die in ihrem vielbeachteten Essay vor fast vierzig Jahren diese als eine „unglückliche Ehe“ beschrieb? (Vgl. Hartmann 1979) Welche Aspekte des Marxismus sind am wichtigsten, um den Feminismus und den Kommunismus des 21. Jahrhunderts neu denken zu können? Und wie lässt sich die Marxsche Vorstellung vom Kommunismus mit dem Prinzip der Commons,[1]

1 Die Begriffe Commons und Commoning wurden nicht ins Deutsche übertragen. Die entsprechenden Begriffe wie Gemeingüter, Gemeineigentum oder Allmende geben die zeitgenössischen Debatten und Bedeutungen nur unzureichend wieder, weil sie entweder nur die materiellen Ressourcen und Produkte bezeichnen oder bloß auf historische Formen hin verwendet werden. (Anm. d. Übers.)

jenem politischen Paradigma, welches das radikale feministische Denken der Gegenwart so stark beeinflusst, verbinden?

Wenn ich diese Fragen stelle, beteilige ich mich an einer Diskussion über Alternativen zum Kapitalismus, die längst in den Zeltstädten und auf den besetzten Plätzen rund um die Welt geführt wird, wo eine Gesellschaft der „Commoners" im Entstehen begriffen ist, die zwar voller Widersprüche sein mag, aber kreativ an neuen Möglichkeiten ist und danach strebt, gesellschaftliche Räume und Beziehungen zu schaffen, die nicht von den Logiken des kapitalistischen Marktes beherrscht werden.

Es ist keine einfache Sache, das Marxsche Erbe seiner Vorstellung vom Kommunismus im Hinblick auf das 21. Jahrhundert einer Bewertung zu unterziehen. Zur Komplexität des Marxschen Denkens kommt noch, dass er am Ende seines Lebens, nach der Niederlage der Pariser Kommune, einige seiner politischen Grundsätze offensichtlich über Bord warf, insbesondere im Hinblick auf die materiellen Voraussetzungen zur Schaffung einer kommunistischen Gesellschaft.[2] Außerdem

2 Dieses Argument beruht auf der Lektüre der *Ethnologischen Notizen* von Marx, die er in den letzten Jahren seines Lebens zusammengetragen hat und die in ein größeres Werk einfließen hätten sollen. Seine Kommentare zeigen, dass Lewis Henry Morgans *Die Urgesellschaft* „und vor allem seine detaillierte Darstellung der Irokesen, Marx zum ersten Mal einen Einblick in die konkreten Möglichkeiten einer freien Gesellschaft gegeben hat, die historisch bereits existiert hat" (Rosemont 2009), und er die Möglichkeit eines revolutionären Weges, der nicht von der Entwicklung kapitalistischer Verhältnisse abhängig ist, erkannte. Rosemont meint, dass Marx die Arbeiten von Morgan im Kopf hatte, als er in der Korrespondenz mit russischen Revolutionären die Möglichkeit eines revolutionären Prozesses in Russland in Betracht zog, der direkt zu gemeinschaftlichen Formen des Eigentums führt und auf den Kommu-

wird wohl kaum jemand in Abrede stellen, dass zwischen seinen beiden Hauptwerken, dem *Kapital* und den *Grundrissen*[3], große Unterschiede bestehen, und dass Marx kein Autor ist, den man aufgrund einiger weniger Formulierungen begreifen kann, weil sich „seine Analyse stets mit seinen politischen Absichten änderte." (Salleh 1997: 71)

Zweierlei ist hingegen sicher

Die politische Sprache, die uns Marx hinterließ, ist nach wie vor notwendig, um über eine Welt jenseits des Kapitalismus nachdenken zu können. Seine Analyse des Mehrwerts, des Geldes und der Warenform und vor allem seine Methode, die der Geschichte und dem Klassenkampf eine materielle Grundlage gibt und sich weigert, die Sphäre der Ökonomie von der Sphäre der Politik zu trennen, sind noch immer unverzichtbar, wenn auch nicht ausreichend, um den Kapitalismus unserer Tage zu verstehen. Wenig überraschend führte die Vertiefung der globalen ökonomischen Krise zu einem neuerlichen Interesse an Marx, was noch in den Neunzigerjahren des letz-

nen der russischen Bäuer*innen beruht, anstatt diese aufzulösen. Siehe dazu auch Kevin B. Anderson (2002) und Teodor Shanin (1983).

3 Antonio Negri hat beispielsweise gefordert, dass man die *Grundrisse* als den Höhepunkt des Marxschen Denkens sehen sollte und die Bedeutung des *Kapital* überschätzt werde, weil er bereits in den *Grundrissen* seine zentralen Konzepte und die radikalste Definition des Kommunismus entwickelt habe. (Negri 1991: 5f, 8f, 11–18). George Caffentzis behauptet im Gegensatz dazu, dass es im *Kapital* einen einheitlicheren Begriff des Kapitalismus gebe und er in seinen späteren Arbeiten einige der zentralen Thesen aus den *Grundrissen* wieder verworfen habe, wie beispielsweise die These, dass der Kapitalismus durch die Automation der Produktion über das Wertgesetz hinausgehen könnte. (Caffentzis 2008)

ten Jahrhunderts nicht vorhersehbar war, als die herrschende Meinung seine Theorie für überholt erklärte. Stattdessen sind inmitten der Trümmer des realisierten Sozialismus breite Debatten über die „ursprüngliche Akkumulation", die Art und Weise der „Transition" und der historischen wie der moralischen Bedeutung und Möglichkeit des Kommunismus entstanden. Mit feministischen, anarchistischen, antirassistischen und queeren Ansätzen angereichert, beeinflusst die Marxsche Theorie weiterhin die widerspenstigen Subjekte in Europa, den beiden Amerikas und darüber hinaus. Ein antikapitalistischer Feminismus kann Marx daher nicht einfach ignorieren. Tatsächlich wurden, wie Stevi Jackson schreibt, „die vorherrschenden Perspektiven des Feminismus bis in die frühen achtziger Jahre meist in einem Dialog mit dem Marxismus gedacht oder von diesem geprägt." (Jackson 2001: 284) Es besteht jedoch kein Zweifel daran, dass die Marxschen Kategorien einer Überarbeitung bedürfen und wir über „Marx hinaus" (Negri 1991) gehen müssen. Nicht nur aufgrund der sozio-ökonomischen Veränderungen seit Marxens Zeiten, sondern auch aufgrund der Grenzen, die sein Verständnis des Kapitalismus mit sich bringt. Die politische Bedeutung dieser Grenzen machten die Sozialen Bewegungen der letzten fünfzig Jahre sichtbar, in denen Subjekte die Bühne betraten, die von Marx ignoriert oder an den Rand gedrängt worden waren.

Der Feminismus und die Perspektive der gesellschaftlichen Reproduktion

Feministinnen leisteten einen wichtigen Beitrag zu diesem Prozess, sie waren aber nicht die die einzigen. Im Zuge der antikolonialen Kämpfe der Fünfziger- und Sechzigerjahre begannen politische Theoretiker wie Frantz Fanon,[4] Analysen infrage zu stellen, die sich, wie die Marxsche, beinahe ausschließlich auf die Lohnarbeit konzentrieren, dem metropolitanen Proletariat eine avantgardistische Rolle zuschreiben und dadurch die Versklavten, die Kolonisierten und die Menschen ohne Lohnarbeit im Akkumulationsprozess und im antikapitalistischen Kampf an den Rand drängen. Diese politischen Theoretiker erkannten, dass es aufgrund der Erfahrungen in den Kolonien notwendig ist, den „Marxismus als Ganzes" neu zu denken, und dass entweder die Marxsche Theorie neu formuliert werden muss, um die Erfahrungen von 75 Prozent der Weltbevölkerung aufzunehmen, oder sie keine emanzipatorische Kraft mehr sein kann und vielmehr zu einem Hindernis für revolutionäre Veränderungen wird. (Vgl. Thurton 2000) Die Bäuer*innen, Tagelöhner*innen und Lumpenproletarier*innen machten die Revolutionen im 20. Jahrhundert, und diese Revolutionär*innen scherten sich wenig darum, auf ihre kommende Proletarisierung oder „die Entwicklung der Produktivkräfte" zu warten, wie es ihnen von orthodoxen Marxist*innen und den Parteien der Linken nahegelegt wurde, um erst dann für eine neue Ordnung der Welt kämpfen zu können.

Umweltaktivist*innen, einschließlich einiger Öko-Sozialist*innen, kritisierten Marx dafür, dass er einen asymmetrischen und instrumentellen Blick auf das Verhältnis von Mensch und Natur propagiere, der den Menschen und die Arbeit als die

4 Frantz Fanon schrieb in die *Verdammten dieser Erde*: „Deshalb müssen die marxistischen Analysen immer etwas gedehnt werden, wenn man sich mit dem kolonialen Problem befaßt. Bis zum Konzept der von Marx genau untersuchten präkapitalistischen Gesellschaft hin müßte hier alles neu durchdacht werden." (Fanon 1981: 33)

einzigen aktiven Akteure begreife und der Natur keinen intrinsischen Wert und kein Potential der Selbst-Organisierung zuerkenne.[5] Erst die feministische Bewegung konnte eine systematische Kritik am Marxismus formulieren, da die Feministinnen nicht nur jene zum Thema machten, die keinen Lohn bekommen, sondern auch die enorme Zahl sozialer Subjekte (Frauen, Kinder und manchmal auch Männer), durch deren Arbeit auf den Feldern, in der Küche, im Schlafzimmer und auf der Straße die Arbeitskraft tagein, tagaus produziert und reproduziert wird. Dadurch wurde eine ganze Reihe von Themen und Kämpfen im Hinblick auf gesellschaftliche Reproduktion thematisiert, die von Marx und der marxistischen Tradition kaum berücksichtigt wurden.

Ausgehend von dieser Kritik werde ich die Marxsche Vorstellung vom Kommunismus behandeln und mich dabei vor allem auf jene Aspekte konzentrieren, die für ein feministisches Programm und die Politik der Commons von besonderer Bedeutung sind. Dabei beziehe ich mich auf die verschiedenen Praxen und Perspektiven, die heute weltweit von Sozialen Bewegungen aufgegriffen werden, um die gesellschaftliche Kooperation zu stärken, die Kontrolle des Marktes und des Staates über unser Leben zu schwächen und für eine andere Verteilung des gesellschaftlichen Reichtums zu sorgen und auf diese Weise der Kapitalakkumulation Grenzen zu setzen. Die Marxsche Vor-

5 Kovel meint, dass Marx ein Gefangener seiner wissenschaftlichen und produktivistischen Perspektive geblieben sei und eine „passive Natur, die vom Menschen bearbeitet wird" angenommen und „eine allumfassende Entwicklung der Produktivkräfte" unterstützt habe. (Kovel 2011: 13ff) Zu diesem Thema gibt es allerdings eine umfangreiche Debatte, auf die ich mich hier nur in aller Kürze beziehen kann. Siehe beispielsweise auch John Bellamy Foster (1995).

stellung vom Kommunismus als einer Gesellschaft jenseits von Tauschwert, Privateigentum und Geld, die auf der Assoziation freier Produzent*innen beruht und vom Prinzip „jeder nach seinen Fähigkeiten, jedem nach seinen Bedürfnissen" (MEW 19: 21) bestimmt ist, stellt ein Idealbild dar, gegen das antikapitalistische Feministinnen nichts einzuwenden haben. Feministinnen können darüber hinaus seine inspirierende Vorstellung einer Welt jenseits der gesellschaftlichen Arbeitsteilung gutheißen, auch wenn sie sicherstellen wollen, dass zwischen der Jagd am Morgen, dem Fischen am Nachmittag und dem Kritisieren nach dem Abendessen allen noch etwas Zeit bleibt, um sich das Putzen und die Kinderbetreuung aufzuteilen.

Für die feministische Politik sind seine unermüdliche Kritik der kapitalistischen Akkumulation und seine Methode, vor allem die kapitalistische Entwicklung als Produkt antagonistischer gesellschaftlicher Verhältnisse zu begreifen, viel entscheidender als die Idealvorstellung einer post-kapitalistischen Gesellschaft. Anders gesagt, worauf beispielsweise Roman Rosdolsky (2017) und Antonio Negri (1991) hingewiesen haben, ist der Marx, der für uns wirklich zählt, weniger der Marx einer visionären revolutionären Projektion einer Welt der vollkommenen Befreiung als der Marx als Theoretiker des Klassenkampfs, der stets politische Programme ablehnte, die nicht in den tatsächlichen historischen Möglichkeiten verwurzelt sind, und in seinem gesamten Werk die Abschaffung kapitalistischer Verhältnisse verfolgte und die Verwirklichung des Kommunismus in der Bewegung zur Aufhebung der herrschenden Verhältnisse sah. Aus dieser Perspektive ist die historisch-materialistische Methode von Marx, die voraussetzt, dass wir, um die Geschichte und die Gesellschaft zu verstehen, die materiellen Bedingungen der gesellschaftlichen Reproduktion verstehen müssen, wesentlich für eine feministische Perspektive. Die Erkenntnis, dass die gesellschaftliche Unterordnung ein historisches Produkt ist, das aus einer spezifischen Organisation der Arbeit stammt, hatte einen befreienden Effekt für uns Frauen. Dadurch wurden die geschlechtliche Arbeitsteilung und die darauf beruhenden Identitäten de-naturalisiert, und uns wird nicht nur vor Augen geführt, dass Geschlechterkategorien gesellschaftliche Konstrukte sind, sondern auch, dass die Inhalte dieses Konzepts fortwährend neu definiert werden und dabei überaus beweglich, offen und stets politisch aufgeladen sind. Viele feministische Debatten über die Frage, ob „Frau" als analytische und politische Kategorie eine Berechtigung habe, könnten einfacher gelöst werden, wenn wir diese Methode anwendeten, weil sie uns zeigt, dass wir gemeinsame Interessen ohne die Zuschreibung von festgelegten und vereinheitlichten Formen des Verhaltens und der gesellschaftlichen Bedingungen zum Ausdruck bringen können.

Die gesellschaftliche Position von Frauen durch die Linse der kapitalistischen Ausbeutung der Arbeit zu analysieren, macht auch den Zusammenhang zwischen der Diskriminierung auf Grundlage von Gender und „Rasse" deutlich und versetzt uns in die Lage, diese Form der Anerkennungspolitik zu überwinden, bei der die bestehende gesellschaftliche Ordnung als gegeben angenommen wird, und die daran scheitert, sich gegen die antagonistischen gesellschaftlichen Kräfte zu stellen, die der Befreiung der Frauen im Wege stehen. Viele Feministinnen betonten jedoch, Marx habe seine eigene Methode im Hinblick auf die Frage der Reproduktion und der Geschlechterverhältnisse nicht konsequent angewendet. Sowohl die Theoretikerinnen der „Lohn-für-Hausarbeit"-Bewegung, wie Mariarosa Dalla Costa (1973), Selma James (1975) und Leopoldina

Fortunati (1995), als auch die öko-feministischen Theoretikerinnen Maria Mies (1990) und Ariel Salleh (1997) zeigten einen offensichtlichen Widerspruch im Marxschen Denken. Obwohl er die Ausbeutung der Arbeit als das Schlüsselmoment in der Produktion des kapitalistischen Reichtums begreift, theoretisiert er jene Aktivitäten und gesellschaftlichen Beziehungen nicht, die grundlegend für die Produktion der Arbeitskraft sind, wie beispielsweise die Sexarbeit, die Fortpflanzung, die Kinderbetreuung und die Hausarbeit. Marx räumte zwar durchaus ein, dass unsere Fähigkeit zu arbeiten nicht einfach gegeben, sondern ein Produkt gesellschaftlicher Aktivitäten sei,[6] die stets eine besondere historische Form annehmen, weil: „Hunger ist Hunger, aber Hunger, der sich durch gekochtes, mit Gabel und Messer gegessenes Fleisch befriedigt, ist ein andrer Hunger, als der rohes Fleisch mit Hilfe von Hand, Nagel und Zahn verschlingt." (MEW 42: 624) Trotzdem finden wir in seinen veröffentlichten Texten keine Analyse der für den Kapitalismus spezifischen Formen der Hausarbeit und der Familien- und Genderverhältnisse, wenn man von vereinzelten Überlegungen in der *Deutschen Ideologie* absieht, wo er sich Gedanken macht, welche Konsequenzen es habe, dass die erste Arbeitsteilung im Geschlechtsakt vonstatten gegangen und die Skla-

6 Marx schreibt im *Kapital*: „Der Wert der Arbeitskraft, gleich dem jeder andren Ware, ist bestimmt durch die zur Produktion, also auch Reproduktion, dieses spezifischen Artikels notwendige Arbeitszeit. So sie Wert, repräsentiert die Arbeitskraft selbst nur ein bestimmtes Quantum in ihr vergegenständlichter gesellschaftlicher Durchschnittsarbeit. Die Arbeitskraft existiert nur als Anlage des lebendigen Individuums. Ihre Produktion setzt also seine Existenz voraus. Die Existenz des Individuums gegeben, besteht die Produktion der Arbeitskraft in seiner eignen Reproduktion oder Erhaltung." (MEW 23: 184f)

verei in der Familie latent vorhanden sei. (Vgl. MEW 3: 31) Im ersten Band des *Kapital* wird die Sexarbeit an keiner Stelle erwähnt, nicht einmal dann, wenn sie in bezahlter Form stattfindet. Die Prostituierten werden zusammen mit den Kriminellen und Vagabunden sogar von den „Paupers" (MEW 23: 762) ausgeschlossen, denen Marx im *18. Brumaire* (MEW 8: 111–207) als „Lumpenproletariat" die Fähigkeit abspricht, ihre gesellschaftlichen Bedingungen verändern zu können. Die Hausarbeit wird in zwei Fußnoten abgehandelt. In der einen beschreibt er, dass Hausarbeit während der Industriellen Revolution aus den Haushalten der überarbeiteten Fabrikarbeiterinnen verschwinde, in der anderen stellt er fest, dass die durch den Amerikanischen Bürgerkrieg verursachte Krise die englischen Textilarbeiterinnen wieder in ihre häuslichen Verpflichtungen zwinge.[7] Die Fortpflanzung wird gemeinhin als

7 Das kommt in einer Fußnote im Kapitel über die „Maschinerie und die Große Industrie" vor, wo er darüber schreibt, dass aufgrund der Einführung von Maschinen Frauen und Männer in den Fabriken ersetzt werden und „alle Glieder der Arbeiterfamilie auf den Arbeitsmarkt" geworfen werden. Er schreibt: „Da gewisse Funktionen der Familie, z.B. Warten und Säugen der Kinder usw., nicht ganz unterdrückt werden können, müssen die vom Kapital konfiszierten Familienmütter mehr oder minder Stellvertreter dingen. Die Arbeiten, welche der Familienkonsum erheischt, wie Nähen, Flicken usw., müssen durch Kauf fertiger Waren ersetzt werden. Der verminderten Ausgabe von häuslicher Arbeit entspricht also vermehrte Geldausgabe. Die Produktionskosten der Arbeiterfamilie wachsen daher…" (MEW 23: 417 (Fn 121). Leopoldina Fortunati hat mit Bezug auf diese Passage folgendes angemerkt: „Marx hat die Hausarbeit nur dann gesehen, wenn das Kapital sie zerstört hat. Gesehen hat er das durch die Lektüre von Regierungsberichten, in denen die Probleme aufgrund der Vereinnahmung der Hausarbeit schon viel früher erkannt wurden..." (Fortunati 1995: 169).

eine natürliche Funktion[8] und nicht als eine Form der Arbeit behandelt, die im Kapitalismus der Reproduktion der Arbeitskraft untergeordnet wird und daher einer spezifischen staatlichen Regulierung unterliegt.

Aufgrund dieser Auslassungen beschuldigten viele Feministinnen Marx des Reduktionismus und betrachteten die Zusammenführung von Marxismus und Feminismus als einen Prozess der Unterordnung. (Vgl. Hartmann 1979: 1) Die von mir zitierten Autorinnen zeigten jedoch, dass wir mit den Marxschen Kategorien arbeiten können, wir diese aber sozusagen neu aufbauen und ihre architektonische Ordnung verändern müssen, damit sich das Gravitationszentrum nicht ausschließlich in der Lohnarbeit und der Warenproduktion befindet, sondern in der Produktion und Reproduktion der Arbeitskraft, insbesondere jenes Teils, der von Frauen zu Hause verrichtet wird. Dadurch machen wir zum einen ein neues Terrain der Akkumulation und des Kampfes und zum anderen das volle Ausmaß der Abhängigkeit des Kapitals von der unbezahlten Arbeit und der vollen Länge des Arbeitstags sichtbar. (Vgl. Federici 2012: 38) Wenn wir die Marxsche Theorie der produktiven Arbeit dahingehend erweitern, dass sie auch die reproduktive Arbeit in ihren unterschiedlichen Formen beinhaltet, können wir nicht nur eine Theorie der Geschlechterverhältnisse im Kapitalismus entwickeln, sondern auch ein neues Verständnis der Klassenkämpfe erlangen, durch die sich der Kapitalismus selbst durch verschiedene Arbeitsregime und verschiedene Formen der ungleichen Entwicklung reproduziert.

8 Marx schreibt beispielsweise, „daß *der natürliche Zuwachs* der Arbeitermasse die Akkumulationsbedürfnisse des Kapitals nicht sättigt.“ (MEW 23: 670).

Die Reproduktion der Arbeitskraft in das Zentrum der kapitalistischen Produktion zu rücken, bringt eine ganze Welt gesellschaftlicher Verhältnisse ans Licht, die bei Marx unsichtbar bleibt, aber wesentlich ist, um die Mechanismen aufzudecken, mit denen die Ausbeutung der Arbeit reguliert wird. Dabei wird deutlich, dass die unbezahlte Arbeit, die das Kapital der Arbeiter*innenklasse entzieht, viel umfangreicher ist, als Marx sich das jemals vorstellte, und um die den Frauen abverlangte Hausarbeit als auch um die Arbeit derjenigen erweitert werden muss, die auf den Plantagen schuften, die der Kapitalismus in der kolonisierten Welt errichtete. In beiden Fällen wurden die Formen der Arbeit und der dabei angewandte Zwang naturalisiert, und beide wurden Teil eines globalen Fließbands, das die Kosten der Reproduktion der bezahlten Arbeiter*innen senken sollte. An diesem Fließband verbinden und verstärken sich die unbezahlte, den Frauen als ihr natürliches Schicksal zugeschriebene Hausarbeit und die Arbeit von Millionen Campesinos, Subsistenzbäuer*innen und informeller Arbeiter*innen, die für einen Hungerlohn die Waren für die Lohnarbeiter*innen produzieren oder günstige Dienstleistungen anbieten. Daher kommen die Hierarchien der Arbeit, die man durch eine Reihe von rassistischen und sexistischen Ideologien zu legitimieren suchte, die aber bloß vor Augen führen, dass die kapitalistische Klasse ihre Macht durch ein System der indirekten Herrschaft aufrechterhält, das die Arbeiter*innenklasse erfolgreich spaltet, indem man den Lohn verwendet, um den männlichen Arbeitern Macht über die unbezahlten Arbeiter*innen zu übertragen, beginnend mit der Kontrolle über die Körper und die Arbeit von Frauen.

Das bedeutet, dass der Lohn nicht nur ein Feld der Konfrontation zwischen Arbeit und Kapital ist, sondern auch ein

Instrument zur Schaffung ungleicher Machtverhältnisse und Hierarchien zwischen den Arbeiter*innen. Folglich ist der Klassenkampf viel komplexer, als Marx sich das vorstellte. Wir stellten fest, dass der Klassenkampf häufig in der Familie beginnen muss, da sich Frauen, die gegen den Kapitalismus kämpfen wollten, zuerst gegen ihre Ehemänner und Väter durchsetzen mussten, auf dieselbe Art und Weise, wie People of Color zuerst gegen die weißen Arbeiter*innen und die spezifische Klassenzusammensetzung angehen mussten, die der Kapitalismus durch das Lohnverhältnis schuf. Anzuerkennen, dass Hausarbeit die Arbeit zur Produktion der Arbeitskraft ist, ermöglicht uns schlussendlich, Geschlechteridentitäten als Funktionen der Arbeit und die Geschlechterverhältnisse als Produktionsverhältnisse zu begreifen. Dieser Schritt befreit uns Frauen von den Schuldgefühlen, die uns begleiteten, wenn wir die Hausarbeit verweigern wollten, und erweitert die Bedeutung des feministischen Prinzips, dass das „Persönliche politisch ist".

Aber warum hat Marx diesen für die Produktion der Arbeitskraft wesentlichen Teil der reproduktiven Arbeit einfach übersehen? Ich habe an anderer Stelle (vgl. Federici 2012) darauf hingewiesen, dass wir eine Erklärung dafür in den Bedingungen der Arbeiter*innenklasse seiner Zeit in England finden können. Als Marx *Das Kapital* verfasste, wurde in den Haushalten der Arbeiter*innen, wie Marx selbst feststellte, nur sehr wenig Hausarbeit geleistet, weil die Frauen von Sonnenaufgang bis Sonnenuntergang Seite an Seite mit den Männern in den Fabriken standen. Die Hausarbeit, als Sektor der kapitalistischen Produktion verstanden, befand sich außerhalb seines politischen und historischen Horizonts. Erst in der zweiten Hälfte des 19. Jahrhunderts, nach zwei Jahrzehnten der Revolten der Arbeiter*innenklasse, als das Gespenst des Kommunismus in Europa umging, begann die kapitalistische Klasse in die Reproduktion der Arbeitskraft zu investieren. Damit in Zusammenhang stand eine Veränderung in der Form der Akkumulation. Die leichte Industrie, wie die Textilindustrie, wurde von der schweren Industrie, der Produktion von Kohle und Stahl, abgelöst. Dieser Übergang erforderte eine striktere Arbeitsdisziplin und eine weniger ausgemergelte Arbeitskraft. In einem kürzlich erschienen Essay habe ich folgendes geschrieben: „In Marxschen Begriffen können wir sagen, dass die Entwicklung der reproduktiven Arbeit und die daraus folgende Entstehung der proletarischen Vollzeit-Hausfrau zu einem gewissen Teil das Produkt des Übergangs von der ‚absoluten' zur ‚relativen' Mehrwert-Gewinnung als Form der Ausbeutung der Arbeit gewesen ist." (Federici 2012: 94) Diese Hausfrauen waren das Produkt des Übergangs von einem System der Ausbeutung, das auf der absoluten Ausdehnung des Arbeitstags basierte, zu einem System, in dem die Reduktion der Arbeitszeit durch eine technologische Revolution kompensiert werden konnte, welche die Ausbeutungsrate intensivierte. Ein zusätzlicher Faktor war sicherlich auch die Angst der Kapitalisten, dass die Überausbeutung, der die Arbeiter*innen durch die absolute Verlängerung des Arbeitstags und die Zerstörung ihrer Commons unterworfen wurden, zur Vernichtung der Arbeiter*innenklasse führte und Frauen in der Folge Hausarbeit und Kindererziehung verweigerten. Das war ein ständiges Thema in den offiziellen Berichten, die von der englischen Regierung seit den 1840er-Jahren in Auftrag gegeben wurden, um die Bedingungen der Arbeiter*innen und ihren Gesundheitszustand einzuschätzen.[9] Es war an diesem Über-

9 Im *Kapital* (MEW 23: 486, 493, 522) diskutiert er den Effekt, den die Beschäftigung von Frauen in der Fabrik auf ihre Disziplin und die re-

gang, dass eine Arbeitsreform zur Erhöhung der Investitionen in die Reproduktion der Arbeitskraft seitens des Kapitals durchgeführt wurde und man eine Reihe von Fabrikgesetzen forcierte, die zuerst die Frauenarbeit in den Fabriken reduzierte, danach ganz abschaffte und den Lohn der Männer bis zum Ende des Jahrhunderts um ganze vierzig Prozent steigerte.[10]

Der erbärmliche Zustand des Industrieproletariats, den Engels 1845 in seinem Werk *Die Lage der arbeitenden Klassen in England* beschrieb, erklärt zum Teil, warum die Hausarbeit bei Marx fast nicht vorkommt. Es ist aber auch denkbar, dass Marx die Hausarbeit ignorierte, weil ihr die entsprechenden Charakteristiken fehlten, die er für die kapitalistische Organisation der Arbeit als wesentlich betrachtete und die er in der Großen Industrie, der in seinen Augen höchstentwickelten Form der Produktion, vorfand. Die Hausarbeit wurde, da sie in den eigenen vier Wänden verrichtet wird, nicht-kollektiv und nicht-kooperativ organisiert und sogar im 20. Jahrhundert, auf dem Hö-

produktive Arbeit hatte. Marx schildert das so: „Von einer täglich bedrohlicher anschwellenden Arbeiterbewegung abgesehn, war die Beschränkung der Fabrikarbeit diktiert durch dieselbe Notwendigkeit, welche den Guano auf die englischen Felder ausgoß. Dieselbe blinde Raubgier, die in dem einen Fall die Erde erschöpft, hatte in dem andren die Lebenskraft der Nation an der Wurzel ergriffen. (MEW 23: 253)

10 Es ist kein Zufall, dass 1870 in England zeitgleich eine neues Ehegesetz und ein neues Bildungsgesetz, wodurch das Recht auf allgemeine Schulbildung eingeführt wurden, verabschiedet wurde. Beide signalisieren ein neues Ausmaß der Investitionen in die Reproduktion der Arbeitskraft. Zur selben Zeit erleben wir in Großbritannien eine Veränderung der Ernährungsgewohnheiten und, als die ersten Lebensmittelgeschäfte in den Nachbarschaften auftauchen, die Einführung neuer Wege der Distribution der Lebensmittel. Zugleich erreicht die Sämaschine die proletarischen Haushalte. Siehe dazu Eric Hobsbawm (1968: 135f, 141).

hepunkt der „Häuslichkeit“, auf einem niedrigen Niveau der technologischen Entwicklung erledigt, weshalb die Marxisten die Hausarbeit meist als einen kümmerlichen Überrest vorkapitalistischer Formen der Produktion klassifizierten. Dolores Hayden zeigte in *The Grand Domestic Revolution* (1981), dass die sozialistischen Denker selbst dann, wenn sie sich für die Vergesellschaftung der Hausarbeit stark machten, nicht davon ausgingen, dass Hausarbeit jemals sinnvolle Arbeit (vgl. Hayden 1981: 6) sein könnte, und sich, wie beispielsweise August Bebel, bloß vorstellten, dass sie auf ein absolutes Minimum reduzierbar wäre. (Vgl. Bebel 1973)

Es bedurfte der Revolte der Frauen in den Sechziger- und Siebzigerjahren, um deutlich zu machen, dass Hausarbeit im kapitalistischen Sinne „gesellschaftlich notwendige Arbeit“[11] ist, die, wenn auch nicht auf industrieller Basis organisiert, extrem produktiv ist, jedoch zum größten Teil nicht mechanisiert werden kann, weil die Reproduktion von mit Arbeitskraft ausgestatteten Individuen eine Vielfalt an emotionalen wie auch physischen Dienstleistungen erfordert, die ihrem Wesen nach interaktiv und daher sehr arbeitsintensiv sind.

Diese Erkenntnis erschütterte den theoretischen und politischen Rahmen des Marxschen Denkens noch weiter und zwang uns, einen der zentralen Grundsätze der Marxschen Revolutionstheorie zu überdenken, nämlich die Annahme, dass mit der Entwicklung des Kapitalismus alle Formen der Arbeit

11 „Gesellschaftlich notwendige Arbeitszeit ist Arbeitszeit, erheischt, um irgendeinen Gebrauchswert mit den vorhandenen gesellschaftlich-normalen Produktionsbedingungen und dem gesellschaftlichen Durchschnittsgrad von Geschick und Intensität der Arbeit darzustellen.“ (MEW 23: 53)

industrialisiert würden und, am wichtigsten, dass der Kapitalismus und die moderne Industrie die Vorbedingungen seien, um den Menschen von der Ausbeutung zu befreien.

Maschinerie, Moderne Industrie und Reproduktion

Marx ging davon aus, dass der Kapitalismus und die moderne Industrie erst die Voraussetzungen für den Kommunismus schaffen müssten, weil er davon überzeugt war, dass die Menschheit ohne einen sprunghaften Anstieg der Produktivität der Arbeit, die durch die Industrialisierung möglich wird, zu einem endlosen Überlebenskampf verdammt sei, der sich aus Mangel und Elend und der Konkurrenz um die Güter des täglichen Bedarfs ergebe. (Vgl. MEW 3: 35) Er stellte sich die moderne Industrie als Verkörperung einer höheren Rationalität vor, die zwar aus schäbigen Beweggründen ihren Weg in die Welt finde, aber schlussendlich den Menschen lehre, wie er seine Fähigkeiten bestmöglich entwickeln und sich von der Arbeit befreien könne. Die moderne Industrie ist für Marx nicht nur ein Mittel zur Reduktion der „gesellschaftlich notwendigen Arbeit", sondern das eigentliche Modell der Arbeit, das den Arbeiter*innen Uniformität, Regelmäßigkeit und die Grundsätze der technologischen Entwicklung beibringe und uns in die Lage versetze, abwechselnd einmal diese und einmal jene Arbeit zu leisten (vgl. MEW 23: 513), was dem Arbeiter in der Manufaktur und auch dem an sein Metier gebundene Handwerker nicht möglich gewesen sei.

Der Kapitalismus ist in diesem Zusammenhang die starke Hand, welche die große Industrie hervorbringt und den Weg für die Konzentration der Produktionsmittel und die Kooperation im Arbeitsprozess ebnet, was für Marx wesentlich ist, um die Produktivkräfte zu erweitern und die Produktivität der Arbeit zu erhöhen. Der Kapitalismus ist für Marx die Peitsche, die dem Menschen die notwendigen Anforderungen einbläut, um sich selbst zu regieren, wie die Notwendigkeit, über der Subsistenz zu produzieren, und die Fähigkeit, im großen Maßstab zu kooperieren. (Vgl. MEW 23: 652) Der Klassenkampf spielt in diesem Prozess eine zentrale Rolle. Der Widerstand der Arbeiter*innen gegen die Ausbeutung zwingt die kapitalistische Klasse zur Revolutionierung der Produktion, dergestalt, dass die Arbeit in einer Art von gegenseitiger Konditionierung weiter ökonomisiert und die Bedeutung der Arbeit in der Produktion des Wohlstands kontinuierlich reduziert wird und die Aufgaben, denen die Menschen schon immer zu entkommen suchten, von Maschinen ersetzt werden. Marx war davon überzeugt, dass, wenn dieser Prozess abgeschlossen sei und die moderne Industrie die gesellschaftlich notwendige Arbeitszeit auf ein Minimum reduziert habe, eine Epoche beginne, in der wir die Kontrolle über unsere Existenz und unsere natürliche Umgebung erlangten, und nicht nur in der Lage wären, unsere unmittelbaren Bedürfnisse zu befriedigen, sondern auch frei, unsere Zeit dem Streben nach Höherem zu widmen.

Wie dieser Bruch vonstatten gehen soll, führte er nicht weiter aus, sieht man von den wenigen metaphorischen Bildern ab, die andeuten, dass, wenn die Produktivkräfte voll entwickelt seien, die sie noch umgebende Hülle einfach aufbrechen und eine soziale Revolution ausgelöst würde. Aber er sagte nicht, wie wir erkennen könnten, *wann* die Produktivkräfte reif für die Revolution seien, sondern deutete nur an, dass der Umschwung komme, wenn die kapitalistischen Verhältnisse sich weltweit ausgedehnt und die Vereinheitlichung und Universalisierung der Produktivkräfte und die entsprechenden Fähigkeiten des Proletariats eine globale Dimension erreicht hätten. (Vgl. MEW 3: 35)

Nichtsdestotrotz übte seine Vision einer Welt, in der sich die Menschen durch Maschinen über Not und Mühsal erheben und in der die frei verfügbare Zeit das Maß des Wohlstands wird, eine ungeheure Anziehungskraft aus. Das Bild einer post-industriellen, von der Arbeit befreiten Gesellschaft bei André Gorz, in der sich Menschen ihrer Selbst-Verwirklichung widmen, verdankt dieser Vision viel.[12] Ein weiterer Beleg dafür ist die Begeisterung, mit der das *Maschinenfragment* aus den *Grundrissen*, also jene Textstelle, wo diese Vision am umfassendsten ausgeführt wurde, von autonomen Marxist*innen in Italien diskutiert wurde. Namentlich Antonio Negri hob dies in seinem Buch *Marx beyond Marx* (1991) als den revolutionärsten Aspekt der Marxschen Theorie hervor. Die Passagen in den Notizbüchern VI und VII, in denen Marx eine Welt beschreibt, in der das Wertgesetz aufhört als Wissenschaft zu funktionieren und die Technologie die lebendige Arbeit aus dem Produktionsprozess verbannt hat und die Arbeiter*innen nur mehr als Aufseher*innen des Arbeitsprozesses fungieren, sind in ihrer antizipatorischen Kraft tatsächlich atemberaubend. (Vgl. Negri 1991) Doch sind wir heute in einer guten Position, um zu erkennen, wie trügerisch die Kräfte sind, die uns eine automatisierte Produktion bietet. Wir können sehen, dass das „angeblich hochproduktive Industriesystem“, das von Marx so sehr bewundert wurde, „in Wirklichkeit ein Schmarotzer auf der Erde ist, wie

12 Siehe dazu André Gorz (1980, 1983) und Granter (2009: 121). Granter zeigt, dass die Idee von Gorz von der freien Zeit als Maß des Wohlstands eigentlich eine Marxsche Idee ist, und Gorz bezieht sich hier tatsächlich explizit auf Marx, indem er aus den *Grundrissen* zitiert.

er in der Geschichte der Menschheit noch nicht vorgekommen ist" (Ullrich 1993: 281), der sich diese Welt mit einer Geschwindigkeit einverleibt, die einen langen Schatten auf die Zukunft wirft. Marx erkannte, da er, wie Salleh (1997: 70) feststellt, seiner Zeit voraus und ihm das Zusammenspiel von Mensch und Natur bewusst war, diesen Prozess intuitiv, als er sich damit beschäftigte, wie die Industrialisierung der Landwirtschaft nicht nur den Arbeiter und die Arbeiterin, sondern auch den Boden auszehrt.[13] Aber er dachte offensichtlich, dass dieser Trend umgekehrt werden könnte, dass, wenn die Arbeiter*innen die Produktionsmittel übernähmen, diese anders gesteuert würden, positiven Zielen dienen und nutzen könnten, um den gesellschaftlichen und natürlichen Reichtum zu vergrößern, anstatt ihn zu verringern, und vor allem dass das Ende des Kapitalismus so nahe wäre, dass der Schaden der profit-getriebenen Industrialisierung noch begrenzt werden könnte.

In all diesen Punkten irrte Marx gründlich. Maschinen werden nicht von anderen Maschinen durch eine Art „unbe-

13 So wie er das im ersten Band des *Kapital* am Ende des Kapitels über die „Maschinerie und die große Industrie" geschrieben hat: „Und jeder Fortschritt der kapitalistischen Agrikultur ist nicht nur ein Fortschritt in der Kunst, den Arbeiter, sondern zugleich in der Kunst, den Boden zu berauben, jeder Fortschritt in Steigerung seiner Fruchtbarkeit für eine gegebne Zeitfrist zugleich ein Fortschritt in Ruin der dauernden Quellen dieser Fruchtbarkeit. Je mehr ein Land, wie die Vereinigten Staaten von Nordamerika z.B., von der großen Industrie als dem Hintergrund seiner Entwicklung ausgeht, desto rascher dieser Zerstörungsprozeß. Die kapitalistische Produktion entwickelt daher nur die Technik und Kombination des gesellschaftlichen Produktionsprozesses, indem sie zugleich die Springquellen alles Reichtums untergräbt: die Erde und den Arbeiter." (MEW 23: 529f)

fleckte Empfängnis" zur Welt gebracht. Wenn wir den Computer als Beispiel nehmen, sehen wir, dass die gebräuchlichste Maschine unserer Zeit ein ökologisches Desaster ist und für seine Produktion Tonnen an Erde und Wasser und eine unheimliche Menge an menschlicher Arbeit erforderlich sind. (Vgl. Sarkar 1999: 126f) Aufgrund seiner milliardenfachen Herstellung kann man sagen, dass die Maschinen heute, wie die Schafe im England des 16. Jahrhunderts, „Erde fressen". Das geschieht in einem derart rasanten Tempo, dass, auch wenn in naher Zukunft eine Revolution stattfände, eine ungeheure Anstrengung notwendig wäre, um diesen Planeten wieder bewohnbar zu machen.[14] Darüber hinaus erfordern die Maschinen eine materielle und kulturelle Infrastruktur, die nicht nur unsere natürlichen Commons, wie Land, Wälder, Wasser, Berge, Seen, Flüsse und Meeresküsten, in Mitleidenschaft zieht, sondern auch unsere Psyche und sozialen Beziehungen. Es wurden neue Bedürfnisse und Gewohnheiten geschaffen und Abhängigkeiten produziert, die gleichfalls eine Hypothek auf die Zukunft darstellen. Das erklärt zum Teil, warum der Kapitalismus hundertfünfzig Jahre nach dem Erscheinen des ersten Bands des *Kapital* nicht den Anschein erweckt, bald zu verschwinden, obwohl die objektiven Bedingungen, die sich Marx ausmalte, mehr als reif sind.

Vielmehr sind wir Zeugen eines Regimes der permanenten ursprünglichen Akkumulation, das an die Enclosures des 16. Jahrhunderts erinnert und dieses Mal vom Internationalen Währungsfonds und der Weltbank organisiert wird und mit einer Kohorte von Bergbau- und Agrarkonzernen im Schlepptau

14 Man kann hier beispielsweise an die Arbeit denken, die notwendig ist, um die schädlichen Folgen des Nuklearmülls zu neutralisieren, der auf der ganzen Welt angehäuft wurde.

das gemeinschaftliche Land im Trikont privatisiert und die kleinen Produzent*innen enteignet, um an das Lithium, Koltan und die Diamanten zu kommen, nach denen die moderne Industrie giert. (Vgl. Federici 2012: 76–84; 2011: 2008) Man muss auch betonen, dass keines der Produktionsmittel, das der Kapitalismus hervorbrachte, einfach übernommen und einem anderen Zweck zugeführt werden kann. So wie wir den Staat, worauf wir später zurückkommen werden, nicht einfach übernehmen können, können wir auch die Industrie, die Wissenschaft und die Technologie des Kapitalismus nicht einfach übernehmen,

weil ihre Struktur und ihre Funktionsweise von den ausbeuterischen Ziele bestimmt sind, für die sie geschaffen wurden.

Die Expansion der Atomindustrie und der chemischen Industrie zeigt am deutlichsten, dass man sich die moderne Industrie und Technologie nicht einfach für andere Zwecke aneignen kann, weil diese Industrien die Welt vergifteten und die kapitalistische Klasse mit einem immensen Waffenarsenal ausstatteten, das uns zu vernichten droht oder zumindest dafür sorgt, dass sich die gegnerischen Klassen gegenseitig zerstören. Otto Ullrich hat das folgendermaßen ausgedrückt: „Die herausragendste Leistung der verwissenschaftlichten Technologie war zweifellos die Steigerung der zerstörerischen Kraft der Kriegsmaschine.“ (Ullrich 1993: 227) Ganz ähnlich zerstörten die rationalen kapitalistischen Methoden der Landwirtschaft, die Marx den vermeintlich irrationalen der kleinen Produzent*innen gegenüberstellte, den Reichtum, die Diversität und den Nährwert der Lebensmittel, und vieles davon wird in einer Gesellschaft, in der die Produktion dem Menschen dient, anstatt das Ziel der Menschheit zu sein, einfach ausgesondert werden müssen.

Es gibt noch eine andere Überlegung, die uns an der Marxschen Vorstellung von der Funktion der Technologie im Aufbau einer kommunistischen Gesellschaft zweifeln lässt, insbesondere, wenn man diese aus einer feministischen Perspektive betrachtet. Ein Kommunismus, der auf Maschinen beruht, verlässt sich auf eine Organisation der Arbeit, in der die grundlegendsten Tätigkeiten, die von Menschen auf diesem Planeten verrichtet werden, ausgeschlossen sind. Wie ich schon erwähnt habe, kann die reproduktive Arbeit, die in der Marxschen Analyse einfach außen vor gelassen wird, zum größten Teil nicht mechanisiert werden. Anders gesagt, kollidiert die Marxsche Vision einer Gesellschaft, in der die notwendige Arbeit durch Automatisierung dramatisch reduziert werden kann, mit dem Umstand, dass der größte Teil der Arbeit auf diesem Planeten aus Beziehungsarbeit besteht und sich demzufolge nur schwerlich mechanisieren lässt. In einer post-kapitalistischen Gesellschaft würden wir im Idealfall einige Haushaltsaufgaben mechanisieren und sicherlich auf neue Formen der Kommunikation, des Lernens und der Information bauen, wenn wir die Kontrolle darüber haben, welche Technologien für welche Ziele und unter welchen Bedingungen produziert werden. Aber wie können wir das Waschen, Hätscheln, Trösten, Anziehen und Füttern eines Kindes, die Unterstützung von kranken und alten Menschen oder Sex mechanisieren? Welche Maschine müsste das sein, die über die dafür notwendigen Fertigkeiten und Gefühle verfügte? Es gab schon Versuche mit „Nursebots“ (Folbre 2006: 356) und interaktiven „Lovebots“, und es ist durchaus möglich, dass wir in Zukunft die Produktion mechanischer Mütter erleben werden. Für den Fall, dass wir uns derartige Geräte leisten können, müssten wir uns die Frage stellen, welch emotionaler Preis zu zahlen wäre, damit diese Maschinen die lebendige Arbeit in unseren Häusern ersetzten. Wenn die reproduktive Arbeit aber nur teilweise mechanisiert werden kann, dann implodiert das Marxsche Projekt, das die Vermehrung des materiellen Wohlstands von der Automation und der Reduktion der notwendigen Arbeit abhängig macht, weil die Hausarbeit, insbesondere die Sorgearbeit für Kinder, den größten Teil der Arbeit auf diesem Planeten ausmacht. Das ganze Konzept der gesellschaftlich notwendigen Arbeit verliert dadurch viel von seiner Überzeugungskraft. Wie wird gesellschaftlich notwendige Arbeit definiert, wenn der größte und unverzichtbarste Teil der Arbeit gar nicht als ein wesentlicher Teil dieser Arbeit anerkannt wird? Und nach welchen Kriterien und Prinzipien wird die Organisation der Pflegearbeit, der Sexarbeit und der Zeugung des Nachwuchses geregelt, wenn diese Aktivitäten nicht als Teil der gesellschaftlich notwendigen Arbeit begriffen werden?

Die zunehmende Skepsis hinsichtlich der Möglichkeiten, die Hausarbeit durch Mechanisierung nachhaltig zu verringern, ist eine der Ursachen, warum es unter Feministinnen ein neu gewecktes Interesse an und Experimentieren mit stärker kollektiven Formen der Reproduktion und der Schaffung reproduktiver Commons gibt, um die Arbeit auf eine größere Zahl von Subjekten aufzuteilen, als es in der Kleinfamilie der Fall ist. Währenddessen vervielfachen sich unter dem Eindruck der ökonomischen Krise sowohl die Kämpfe zur Verteidigung unserer natürlichen Commons (Land, Wasser, Wälder) als auch die gemeinschaftlichen Tätigkeiten (gemeinsames Einkaufen und Kochen, Urban Gardening usw.). Es ist mehr als bezeichnend, dass trotz der Kolonisierung und des Technologietransfers „der größte Teil des täglichen Bedarfs nach wie vor von Frauen auf den Feldern der Dritten Welt außerhalb des Geldkreislaufs geleistet wird“ (Salleh 1997: 79), dafür nur wenig Technologie eingesetzt und dazu häufig ungenutztes öffentliches Land bebaut wird. (Vgl. Federici 2012: 138–148) Die Arbeit dieser Bäuerinnen macht in Zeiten einer genozidalen Austeritätspolitik für Millionen Menschen den Unterschied zwischen Leben und Tod.[15] Das ist jedoch genau die Art subsistenzorientierter Arbeit, die Marx eliminiert haben wollte, als er die Rationalisierung der Landwirtschaft durch größere Einheiten und auf wissenschaftlicher Basis „als die großen Verdienste der kapitalistischen Produktionsweise" (MEW 25: 631) betrachtete und argumentierte, dass diese nur durch die Enteignung der unmittelbaren Produzenten möglich sei.

Der Mythos vom fortschrittlichen Charakter des Kapitalismus

Neben der Kritik an der Marxschen Theorie im Hinblick auf die Macht der Industrialisierung zur Befreiung der Menschheit aus Mangel und Not gibt es noch andere Argumente, warum wir seinen Glauben an die Notwendigkeit und Fortschrittlichkeit des Kapitalismus zurückweisen müssen. Erstens, diese Theorie verkennt nicht nur das Wissen und den Reichtum, die von nichtkapitalistischen Gesellschaften produziert werden, sondern auch das Ausmaß, in dem die Macht des Kapitalismus auf der Aneignung dieses Wissens und Reichtums be-

15 Laut dem Bevölkerungsfonds der Vereinten Nationen produzierten im Jahr 2001 rund „200 Millionen Stadtbewohner*innen" für „eine Milliarde Menschen zumindest einen Teil ihres täglichen Bedarfs an Lebensmitteln." (United Nations Population Fund 2001) Der Bericht „Farming the Cities Feeding an Urban Future" des Worldwatch Institute aus dem Jahr 2011 bestätigt die Bedeutung der Subsistenzlandwirtschaft und erwähnt in einer Pressemitteilung, dass „aktuell rund 800 Millionen Menschen weltweit in urbaner Landwirtschaft beschäftigt sind und dabei rund 15 bis 20 Prozent produzieren." (Worldwatch Institute 2011) Es sollte betont werden, dass diese Zahlen die Subsistenzlandwirtschaft auf dem Land nicht beinhalten.

ruht. Das ist eine wichtige Überlegung, wenn wir uns nicht vom Fortschritt des Wissens im Kapitalismus verzaubern und in unserem Begehren, ihn zu überwinden, lähmen lassen wollen. Es ist daher politisch wichtig, uns der Gesellschaften zu erinnern, die der Kapitalismus zerstörte, die aber tausende Jahre vor dem Auftauchen der Mechanisierung ein hohes Niveau an Wissen und Technologie erreichten, als man lernte, über die Weltmeere zu segeln, die wichtigen Sternenkonstellationen entdeckte und die Getreidesorten erfand, die menschliches Leben auf der Erde dauerhaft möglich machten. (Vgl. Conner 2005) Wir sehen das beispielsweise an der großartigen Diversität des Saatguts und der Pflanzen, die von den Native Americans entwickelt wurden. Sie erreichten eine unübertroffene Meisterschaft in landwirtschaftlichen Techniken und erfanden allein in Meso-Amerika mehr als 200 Sorten Mais und Kartoffeln, womit sie in einem krassen Gegensatz zur Zerstörung der Diversität stehen, die wir heute aufgrund der wissenschaftlich organisierten kapitalistischen Landwirtschaft erleben. (Vgl. Weatherford 1988)

Der Kapitalismus hat die gesellschaftliche Kooperation oder den gesellschaftlichen Verkehr, wie Marx den Handel und den kulturellen Austausch nannte, nicht erfunden. Im Gegenteil, das Aufkommen des Kapitalismus zerstörte Gesellschaften, die durch kollektives Eigentum, kooperative Formen der Arbeit und ausgeprägte Handelsnetzwerke zusammengehalten wurden. Vor der Kolonisierung waren vom Indischen Ozean bis in die Anden äußerst kooperative Arbeitssysteme nicht die Ausnahme, sondern die Regel. Man muss dabei nur an das „Ayllu-System" in Peru und Bolivien oder die kommunalen Landsysteme in Afrika denken, die bis in das 21. Jahrhundert überdauerten und die allesamt einen Kontrapunkt zur Marxschen Sicht der „Isolation des Landlebens" darstellen.[16] Auch in Europa zerstörte der Kapitalismus eine Gesellschaft der Commons, die nicht nur in der kollektiven Nutzung des Landes und in kollektiven Arbeitsbeziehungen verankert war, sondern auch im täglichen Kampf gegen die feudalen Mächte. Aus diesen Kämpfen entwickelten sich neue kooperative Formen des Lebens, wie beispielsweise die Experimente der häretischen Bewegungen (Kartharer, Waldenser), die ich in meinem Buch *Caliban und die Hexe* (2004) analysiert habe.

Es ist eben kein Zufall, dass sich der Kapitalismus nur durch den maximalen Einsatz von Gewalt und Zerstörung durchsetzen konnte, was auch die Vernichtung tausender Frauen während zweier Jahrhunderte der Hexenverfolgung beinhaltete, wodurch schlussendlich der Widerstand gebrochen werden konnte, der im 16. Jahrhundert die Form eines Bäuer*innenkriegs angenommen hatte. Der Kapitalismus war beileibe nicht der Träger des Fortschritts, sondern der Konterrevolution, wodurch die Entstehung neuer Formen gemeinschaftlichen Lebens untergraben wurde, die entweder in diesen Kämpfen entstanden oder bereits auf den feudalen Landgütern in der gemeinsamen

16 (Anm. des Übersetzers: Die Autorin verweist an dieser Stelle auf die Arbeit von Draper (1998), der betont hat, dass die englische Übersetzung der Formulierung vom „Idiotismus des Landlebens" im *Kommunistischen Manifest* mit „idiocy of rural life" irreführend ist, da, wie auch im Deutschen, der Begriff Idiotismus bzw. idiocy Mitte des 19. Jahrhunderts nicht im Sinne von Dummheit verstanden wurde, sondern jemanden bezeichnete, der isoliert von der Gesellschaft lebt und daher die Übersetzung „Isolation des Landlebens" näher an der Intention von Marx und Engels sein dürfte. Im Griechischen benennt der Begriff „idiotes" eine Privatperson, die sich nicht in den Angelegenheiten der Polis engagiert.)

Nutzung der Commons existierten. Es ist einiges mehr als die Entwicklung der großen Industrie vonnöten, um eine revolutionäre Verbindung und die Assoziation freier Produzent*innen herzustellen, die sich Marx am Ende des ersten Bands des *Kapital* vorstellte. (Vgl. MEW 23:791) Das Kapital und die große Industrie mögen zwar die „Konzentration der Produktionsmittel" (MEW 23: 789) und die Kooperation im Arbeitsprozess, die sich aus der Arbeitsteilung ergibt, vorantreiben, aber die Kooperation, die es für einen revolutionären Prozess braucht, ist qualitativ anders als dieser technische Faktor, den Marx zusammen mit der Wissenschaft und der Technologie als „die grundlegende Form der kapitalistischen Produktionsweise" (MEW 23: 355) beschreibt. Es ist sogar fraglich, ob wir überhaupt von Kooperation im Arbeitsprozess sprechen können, wenn dieser nicht von den Arbeiter*innen selbst kontrolliert wird und es – abgesehen vom Moment des Widerstands, wenn die kapitalistische Organisation des Arbeitsprozesses unterlaufen wird – zu keiner unabhängigen Entscheidungsfindung kommt. Wir können auch nicht ignorieren, dass die von Marx so bewunderte Kooperation historisch nur möglich wurde, weil die Fertigkeiten der Arbeiter*innen und die Kooperation in ihren Kämpfen zerstört wurden.[17]

17 Marx schreibt dazu im *Kapital*: „Das Arbeitsmittel erschlägt den Arbeiter." Die Kapitalisten verwenden die Maschinen nicht nur, um sich selbst von der Abhängigkeit von der Arbeit zu befreien, sondern die Maschinerie „wird das machtvollste Kriegsmittel zur Niederschlagung der periodischen Arbeiteraufstände, strikes usw. (...) Man könnte eine ganze Geschichte der Erfindungen seit 1830 schreiben, die bloß als Kriegsmittel des Kapitals wider Arbeiteremeuten ins Leben traten." (MEW 23: 459)

Zweitens bedeutete davon auszugehen, dass die kapitalistische Entwicklung in irgendeinem Moment der Geschichte unvermeidlich oder gar notwendig und wünschenswert sei, uns gegen die Kämpfe zu stellen, die Menschen führten, um sich dieser Entwicklung zu widersetzen. Aber können wir wirklich sagen, dass die Häretiker*innen, die Wiedertäufer*innen, die Diggers und alle anderen rebellischen Subjekte, die sich gegen die Einhegungen zur Wehr setzten oder dafür kämpften, eine egalitäre Gesellschaftsordnung zu errichten, und sich wie Thomas Müntzer „omnia sunt comunia" auf ihren Banner schrieben, dass sie alle auf der falschen Seite der Geschichte standen, wenn wir sie aus der Perspektive der Befreiung der Menschheit betrachten? Das ist keine unbedeutende Frage, denn die Ausdehnung der kapitalistischen Verhältnisse ist keine Sache der Vergangenheit, sondern ein fortlaufender Prozess, der noch immer mit „den Zügen von Blut und Feuer geschrieben ist" (MEW 23: 743) und noch immer einen ungeheuren Widerstand erzeugt, der die kapitalistische Unterordnung jedweder Form der Produktion und die Ausdehnung der Lohnarbeit bremst.

Den Kapitalismus als notwendig und fortschrittlich vorauszusetzen, verkennt drittens einen Umstand, auf dem ich im ganzen Text bestanden habe: Die kapitalistische Entwicklung besteht nicht, oder nicht vorrangig, in der Entwicklung menschlicher Fähigkeiten und vor allem nicht in der Fähigkeit zur gesellschaftlichen Kooperation, wie Marx meinte. Die Entwicklung des Kapitalismus ist auch die Entwicklung von ungleichen Machtverhältnissen, Hierarchien und Spaltungen, die wiederum Ideologien, Interessen und Subjektivitäten erzeugen, die eine zerstörerische gesellschaftliche Kraft darstellen. Es ist kein Zufall, dass es im Zuge der konzertierten neoliberalen Welle zur Privatisierung der verbliebenen gemeinschaftlichen und öffentlichen Ressourcen nicht die am stärksten industrialisierten Gemeinschaften waren, die sich zur Wehr setzen konnten und manchmal sogar Privatisierungen erfolgreich verhinderten, sondern jene Communities, deren Zusammenhalt am stärksten ist. Die Kämpfe der Indigenen, wie beispielsweise der Quechua und der Aymara gegen die Privatisierung des Wassers in Bolivien (Guiterrez 2009) oder der U'wa in Kolumbien gegen die Zerstörung ihres Landes durch die Ölförderung, zeigten, dass der kapitalistischen Expansion nicht dort, wo die kapitalistische Entwicklung am weitesten gediehen ist, ein Riegel

vorgeschoben werden konnte oder diese zurückweichen musste, sondern dort, wo die Bindungen der Community am stärksten sind. So wie die Aussicht auf eine von der kapitalistischen Entwicklung befeuerte Weltrevolution zunehmend schwindet, erscheint die Wiederherstellung der Communities, die durch rassistische und sexistische Politik und wiederholte Einhegungen verwüstet wurden, nicht nur als eine objektive Bedingung, sondern als eine Vorbedingung für gesellschaftlichen Wandel.

Vom Kommunismus zu den Commons: Eine feministische Perspektive

Für die feministische Bewegung, wie auch für andere Soziale Bewegungen, muss es heute oberste politische Priorität sein, gegen die Spaltungen anzugehen, die der Kapitalismus auf der Basis von „Rasse", Geschlecht und Alter geschaffen hat, und wieder zu vereinen, was in unseren Leben getrennt wurde, um ein kollektives Interesse wiederherzustellen. Darum geht es in der Politik der Commons schlussendlich – eine Politik, die im besten Fall die Verteilung des Reichtums, kollektive Entscheidungsfindung und eine Revolution in den Beziehungen zu uns selbst und zu anderen zur Voraussetzung hat. Die gesellschaftliche Kooperation und der Erwerb von Wissen, die Marx der industriellen Arbeit zuschrieb, müssen aus den Aktivitäten des Commoning, wie Urban Gardening, Zeitbanken und Open Source, kommen, die selbstorganisiert sind und sowohl Gemeinschaft erfordern als auch produzieren. In diesem Sinne gibt die Politik der Commons, sofern sie darauf abzielt, unser Leben so zu reproduzieren, dass die gegenseitigen Bindungen gestärkt und der Kapitalakkumulation Grenzen gesetzt werden (vgl. De Angelis 2007), zum Teil die Marxsche Idee vom Kommunismus als der Bewegung wieder, die den jetzigen Zustand aufhebt. Man könnte auch behaupten, dass wir uns nun mit der Entstehung der Commons im Internet, mit freier Software und freiem kulturellen Austausch der Universalisierung der menschlichen Fähigkeiten annähern, die Marx als ein Ergebnis der Entwicklung der Produktivkräfte erwartete. Aber die Politik der Commons ist eine radikale Abkehr von dem, was Kommunismus in der marxistischen Tradition und in vielen Arbeiten von Marx, beginnend mit dem *Kommunistischen Manifest*, bedeutete. Es gibt mehrere wichtige Unterscheidungen zwischen der Politik der Commons und dem Kommunismus, insbesondere wenn wir diese politischen Formen aus einer feministischen und ökologischen Perspektive betrachten.

Die Commons, wie sie von feministischen Autorinnen wie Vandana Shiva, Maria Mies und Ariel Salleh diskutiert und von Grassroots-Frauenorganisationen praktiziert werden, sind nicht von der Entwicklung der Produktivkräfte oder der Mechanisierung der Produktion oder einer irgend gearteten Ausdehnung der kapitalistischen Verhältnisse, also den Vorbedingungen des kommunistischen Projekt bei Marx, abhängig. Im Gegenteil, sie müssen sich gegen die Bedrohungen behaupten, die ihnen von der kapitalistischen Entwicklung aufgezwungen werden, und die verschiedenen lokalen Formen des Wissens und der Technologie aufzuwerten suchen. (Vgl. Mies und Shiva 1995) Sie gehen nicht davon aus, dass es notwendigerweise einen Zusammenhang zwischen wissenschaftlich-technologischer und moralisch-intellektueller Entwicklung gibt, was ja immer eine Prämisse der Marxschen Konzeption des gesellschaftlichen Reichtums war. Außerdem rücken sie die Neugestaltung der Reproduktion als zentrales Feld der Transformation gesellschaftlicher Verhältnisse ins Zentrum, indem sie die Wertstruktur der kapitalistischen Organisation der Arbeit zerrütten. Vor allem versuchen sie, die für die Hausarbeit im Kapitalismus charakteristische Isolation einzureißen, aber nicht, um sie auf industrieller Ebene neu zu organisieren, sondern um kooperativere Formen der Sorgearbeit zu schaffen.

Die Commons werden immer im Plural gedacht, im Geiste der Zapatistas und ihres Slogans „Ein Nein, viele Jas", der die Existenz verschiedener historischer und kultureller Entwicklungen und eine Vielfalt an gesellschaftlichen Ergebnissen anerkennt, die mit der Abschaffung der Ausbeutung vereinbar sind. Während die Zirkulation der Ideen und des technologischen Know-how durchaus eine positive historische Kraft sein kann, verwehrt man sich zunehmend der Aussicht auf eine Universalisierung des Wissens, der Institutionen und Verhaltensformen, nicht nur, weil es sich dabei um ein Erbe des Kolonialismus handelt, sondern auch, weil es sich dabei um ein Projekt handelt, das nur durch die Zerstörung lokaler Lebensformen und Kulturen verwirklicht werden kann. Vor allem aber ist die Existenz der Commons nicht von der Unterstützung des Staates abhängig. Wenngleich es in radikalen Kreisen zum Teil noch immer das Bedürfnis nach dem Staat als Übergangsform gibt, die angeblich notwendig sei, um etablierte kapitalistische Interessen zu beseitigen und jene Teile des Gemeinwesens zu verwalten, die der großräumigen Planung bedürfen (Wasser, Elektrizität, Transport usw.), ist die Staatsform heute in der Krise, und das nicht nur in feministischen und anderen radikalen Zirkeln. Die Popularität der Commons steht in direktem Zusammenhang mit der Krise der Staatsform, die der Zusammenbruch des real existierenden Sozialismus und die Internationalisierung des Kapitals drastisch vor Augen geführt haben. John Holloway (2002) brachte dies auf den Punkt, als er meinte, die Vorstellung, wir könnten den Staat verwenden, um einer gerechteren Welt näher zu kommen, bedeutete, dem Staat eine autonome Existenz zuzuschreiben und von seinen Netzwerken und gesellschaftlichen Verhältnissen zu abstrahieren, die untrennbar mit der Kapitalakkumulation verbunden sind und dazu zwingen, gesellschaftliche Konflikte und Mechanismen des Ausschlusses zu reproduzieren. Man müsste auch den Umstand leugnen, „dass kapitalistische gesellschaftliche Verhältnisse nie durch Staatsgrenzen beschränkt wurden" (Holloway 2002: 25), sondern global hergestellt werden. Darüber hinaus würde eine in Staatsform realisierte „Diktatur des Proletariats" angesichts eines Weltproletariats, das durch rassistische und geschlechtliche Hierarchien gespalten ist, Gefahr laufen, eine Diktatur des weißen, männlichen Sektors der Arbeiter*innenklasse zu werden. Diejenigen, die mit mehr gesellschaftlicher Macht ausgestattet sind, könnten den revolutionären Prozess in eine Richtung lenken, die ihre Privilegien aufrecht erhielte.

Heute besteht nach Jahrzehnten der verratenen Erwartungen und der Abstimmungen an Wahltagen besonders unter jüngeren Menschen ein tiefgehendes Bedürfnis, sich die Macht zur Veränderung unseres Leben zurückzuholen, sich das Wissen und die Verantwortung anzueignen, die wir in einem proletarischen Staat ja erst wieder an eine übergeordnete Institution abgeben müssten, die uns durch die Repräsentation aber nur verdrängen würde. Das wäre eine verheerende Kehrtwende. Anstatt eine neue Welt zu erschaffen, gäben wir den Prozess der Selbst-Transformation auf, ohne den eine neue Gesellschaft gar nicht möglich ist. Wir stellten dann nur jene Bedingungen wieder her, die uns heute, auch dann noch, wenn wir mit ungeheuerlichen Fällen von Ungerechtigkeit konfrontiert sind, zur Passivität verdammen. Das ist der Reiz der Commons als „Keimform einer neuen Gesellschaft" (Holloway 2010: 35),

dass sie für eine Macht stehen, die von unten anstatt vom Staat kommt und auf Kooperation und kollektiver Entscheidungsfindung anstatt auf Zwang beruht. In diesem Sinne schwingt in den Commons die Einsicht von Audrey Lorde mit, dass wir mit „den Werkzeugen der Herren niemals ihre Häuser demontieren werden" (Lorde 1983: 98f), und ich glaube, Marx würde uns, wenn er heute lebte, in diesem Punkt zustimmen. Wenn er sich auch nicht mit den Verwüstungen beschäftigte, die im Kapitalismus durch Sexismus und Rassismus angerichtet werden, und er der Transformation der Subjektivität des Proletariats wenig Aufmerksamkeit schenkte, verstand er nichtsdestotrotz, dass wir eine Revolution brauchen, nicht nur, um uns von den äußeren Zwängen zu befreien, sondern auch, um die internalisierten Ideologien und Verhältnisse des Kapitalismus zu überwinden, damit wir, wie er es nannte, den „ganzen alten Dreck" loswerden, um dann „zu einer neuen Begründung der Gesellschaft befähigt zu werden". (MEW 3: 28)

Die Revolution beginnt zu Hause

Über Marx, Reproduktion und Klassenkampf

Ein Grund für die ungebrochene Wirkkraft der Marxschen politischen Theorie ist zweifellos seine Fähigkeit, die Zukunft zu lesen und Formen der kapitalistischen Entwicklung zu antizipieren, die sich erst jetzt, 150 Jahre später, vor unseren Augen entfalten und aus seinem Werk einen Ratgeber für die Gegenwart machen. Mit bemerkenswert intuitiver Gabe nahm Marx den Prozess der Globalisierung, den unnachgiebigen Drang des Kapitals vorweg, jede Ecke dieser Welt zu erobern und jede Form der Produktion der Logik des Profits und des Marktes zu unterwerfen. Vor allem aber sah er voraus, dass die Internationalisierung des Kapitals nicht nur einen globalen Markt schaffen würde, sondern auch einen globalen Akkumulationszyklus, sodass „die Aufteilung der Welt in Nationalstaaten ihre ökonomische Bedeutung verlieren würde." (Ferrari Bravo 1975: 20) Den *Grundrissen* und insbesondere dem *Maschinenfragment* wird gleichfalls nachgesagt, dass er darin die wachsende Dominanz von Wissen und Wissenschaft für die kapitalistische Organisation der Arbeit vorhergesehen habe, wodurch sich einige bemüßigt sahen, den Beginn einer neuen Phase der Akkumulation zu behaupten, die sie „kognitiven Kapitalismus"[1] nennen.

In einer Hinsicht war Marx seiner Zeit jedoch nicht voraus. Es ist erstaunlich, dass er eine Entwicklung, die im Laufe weniger Jahrzehnte die Klassenzusammensetzung und das Terrain des Klassenkampfs in Europa und den Vereinigten Staaten verändern würde, nicht erkannte, nämlich die Durchsetzung einer neuen proletarischen Familie, ein Prozess, der (ungefähr) zwischen 1860 und dem Ersten Weltkrieg vonstatten ging und zum allmählichen Ausschluss der Frauen und Kinder von der

Fabrikarbeit, zur Einführung des „Familienlohns" und Schaffung der proletarischen Hausfrau und zur Hausarbeit als eigenständigem Sektor der kapitalistischen Produktion, zuständig für die Reproduktion der Arbeitskraft, führte. (Vgl. Seccombe 1993)

Mit diesen Entwicklungen, die ein neues patriarchales Regime begründeten, das auf der Macht des Lohns der Männer beruhte, vollzog sich ein Wandel in den Klassenbeziehungen, welcher der Marxschen Analyse entging, obwohl er im ersten Band des *Kapital* immer wieder die von der Regierung bestellten Fabrikinspektoren erwähnt, die in England den Weg für diese Veränderungen ebneten. Die Kapitalistenklasse war damals darum bemüht, die proletarische Familie und die Geschlechterbeziehungen zu revolutionieren, neue Hierarchien zwischen Männern und Frauen und neue Spaltungen innerhalb des Proletariats zu schaffen, die sich jedoch aus der Lektüre des Marxschen Werkes nicht erschließen lassen. Wie Engels blieb Marx der Vorstellung treu, dass der Kapitalismus die

1 Zu den Vetreter*innen dieser Sichtweise gehören Hardt und Negri (2004) und Vercellone (2007: 13–36). Für eine Kritik des Konzepts vom „kognitiven Kapitalismus" siehe Caffentzis (2013: 95–123).

proletarische Familie zerstöre und die materiellen Voraussetzungen für gleichberechtigtere Genderverhältnisse schaffe. Im *Kommunistischen Manifest* formulieren sie es folgendermaßen:

> „(…) je mehr die moderne Industrie sich entwickelt, desto mehr wird die Arbeit der Männer durch die der Weiber verdrängt. Geschlechts- und Altersunterschiede haben keine gesellschaftliche Geltung mehr für die Arbeiterklasse. Es gibt nur noch Arbeitsinstrumente (…)." (MEW 4: 469)

Warum konnte Marx, dessen Analyse der kapitalistischen Entwicklung ansonsten so weitsichtig war, nicht erkennen, dass eine Umgestaltung der gesellschaftlichen Verhältnisse im Gange war, wodurch die Beziehungen zwischen Männern und Frauen in der englischen Arbeiter*innenklasse und bald auch in anderen Ländern Europas und den Vereinigten Staaten auf eine hierarchischere Weise neu gestalten würden?

Es ist eine meiner zentralen Thesen in diesem Text, dass Marx die Umstrukturierung der proletarischen Familie oder die Herausbildung neuer patriarchaler Verhältnisse im Proletariat nicht antizipierte oder sich nicht dazu äußerte, weil die Sphäre der Familien- und Genderverhältnisse in seiner politischen Theorie keine besondere Rolle für die Kapitalakkumulation oder die Subjektivität der Arbeiter*innen und die Formierung der Klasse spielte. (Vgl. Meyer 2014: 274–276) Eine Folge dieses politischen Versagens war, dass die Kluft zwischen der sozialistischen und der feministischen Bewegung, die beide Ende des 19. Jahrhunderts im Aufschwung waren, beinahe bis heute nicht überwunden werden konnte, wozu Marx, wie wir sehen werden, als Kopf der Ersten Internationale maßgeblich beitrug. Sich wieder mit der Marxschen Perspektive auf Familie, Frauenarbeit und die unser Leben reproduzierenden Tätigkeiten zu beschäftigen, ist somit ein Weg, um mit der Gegenwart in Dialog zu treten und die patriarchale Prägung des Kapitals und der Linken sowie die Bedingungen einer Kooperation zwischen Marxismus und Feminismus neu zu denken.

Meine Argumentation gliedert sich in vier Teile: Im ersten Teil gehe ich den Hinweisen und Ursachen nach, warum Marx die „Reproduktion" aus seiner Theorie aussparte, und konzentriere mich dabei auf seinen verkürzten Begriff von Arbeit und Produktion sowie auf seine implizite Annahme, dass nur Lohnarbeiter in der Industrie über die Macht und das Wissen verfügten, den Kapitalismus zu stürzen und die materiellen Bedingungen für den Aufbau einer kommunistischen Gesellschaft zu schaffen. Im zweiten Teil untersuche ich, wie Marx in seiner Rolle als Kopf der Ersten Internationale reagierte, als Arbeiter*innen im Hinblick auf die Frauenarbeit und das Familienleben nach einer anderen Politik verlangten, und zeige, dass er dieses offensichtlich patriarchale Denken in Teilen der englischen Arbeiterklasse lieber nicht kommentierte. Im dritten Teil stelle ich Marx' scheinbar neutrale Position hinsichtlich der Neugestaltung des Familienlebens den Folgen gegenüber, die sie auf das gesellschaftliche Leben und die Klassenverhältnisse hatte, und arbeite heraus, dass sie ein maßgebliches Instrument war, um wichtige Teile der industriellen Arbeitskraft zu kooptieren. Im vierten Teil werde ich abschließend die langfristigen politischen Folgen der Marginalisierung der Frauen und der Reproduktionsarbeit sowohl im Rahmen der sozialistischen Bewegung als auch der marxistischen Tradition behandeln, wobei ich die Auffassung vertrete, dass es an der Zeit ist, zu fragen, inwiefern dieser theoretische und politische „Fehler" ihre Organisationsfähigkeit und deren Vorstellung von einer Gesellschaft, die auf den Ruinen der kapitalistischen Gesellschaft entstehen soll, beeinflusste.

Marx über die gesellschaftliche Reproduktion und die Reproduktion der Arbeitskraft

Ein Schlüssel zum Verständnis, warum es Marx nicht gelang, die gewaltigen Veränderungen zu erkennen, die im England des 19. Jahrhunderts im Hinblick auf das Familienleben und die Beziehungen von Männern und Frauen vonstatten ging, ist, wie er im *Kapital* und in den *Grundrissen* die Prozesse diskutiert, die mit der Reproduktion der Arbeitskraft zu tun haben. Diese hätten, wenn man in Betracht zieht, welche strategische Funktion die Arbeit und die Arbeitskraft in seiner Analyse der kapitalistischen Gesellschaft und der kapitalistischen Organisation der Arbeit spielen, eigentlich von zentraler Bedeutung sein müssen. Die Arbeitskraft ist für Marx der Motor der kapitalistischen Akkumulation, die Substanz der Wertbildung, und ihre Ausbeutung ist das Terrain, auf dem der Kampf um die Befreiung des Menschen entschieden wird. Demzufolge hätten die Tätigkeiten, die mit der (Re-)Produktion dieser kostbaren Fähigkeit zu tun haben, einen zentralen Platz in seinen theoretischen und politischen Überlegungen einnehmen müssen. Wir wir in den vorangegangenen Kapiteln schon gesehen haben, wird das von Marx aber kaum diskutiert, und wenn doch, dann dergestalt, dass er den spezifischen Beitrag der Hausarbeit der Frauen in diesem Zusammenhang nicht berücksichtigt.

Selbst wenn er die Frage behandelt, wie die Arbeitskraft generationsübergreifend reproduziert wird (vgl. MEW 23: 591–604), schweigt sich Marx über die Rolle der Frauen aus, und es kommt ihm nicht in den Sinn, dass es in diesem Punkt zwischen Männern und Frauen und Frauen und Staat im Hinblick auf die Fortpflanzung Interessenskonflikte geben könnte, obwohl eine Schwangerschaft für proletarische, insbesondere unverheiratete Frauen nicht selten das Todesurteil bedeutete. Es ist daher nicht überraschend, dass sich zu Mitte des 19. Jahrhunderts viele gegenüber den Kampagnen, die von Befürwortern der Empfängnisverhütung in die Arbeiter*innenbewegung getragen wurden, aufgeschlossen zeigten.[2] In offensichtlicher Unkenntnis des hohen Preises, den Frauen für die Fortpflanzung zu zahlen hatten, der Qualen, die jede Frau im Falle einer unerwünschten Schwangerschaft zu erleiden hatte, und der häufig mit dem Tod endenden Strapazen einer Abtreibung, spricht Marx vom „natürlichen Zuwachs der Arbeitermassen". (MEW 23: 671) Er behauptet auch, dass „der Kapitalist (...) ihre Erfül-

lung getrost dem Selbsterhaltungs- und Fortpflanzungstrieb der Arbeiter überlassen" (MEW 23: 597) könne, und in seiner ansonsten scharfen Kritik der Malthus'schen Bevölkerungstheorie legt er nahe, dass der Kapitalismus für die Vermehrung der Arbeitskraft nicht von der Fortpflanzungsfähigkeit der Frauen abhängig sei, da er seinen Bedarf an Arbeit angeblich durch eine ständige technologische Revolution und die damit einhergehende Produktion einer „Übervölkerung" (MEW 23: 661) befriedigen könnte.

In Wirklichkeit hatte der Kapitalismus als ein System, das aus der Arbeitskraft die Substanz seiner Wertbildung gene-

2 In diesem Zusammenhang ist die Arbeit von Francis Place zu erwähnen, der sich 1822 für den Einsatz von Verhütungsmitteln stark machte, um die Geburtenrate zu kontrollieren und den Arbeiter*innen ein malthusianisches Schicksal zu ersparen. Place, selbst Arbeiter und Vater von fünfzehn Kindern, startete eine Kampagne, um für seine Ideen zu werben. Er verteilte Flugblätter an verheiratete Paare, und später, nachdem der die Chartisten-Bewegung mitbegründet hatte, engagierte er sich in diesem Rahmen weiter. Vor allem im Norden des Landes war er unter den Arbeiter*innen überaus populär und gilt als einer der Väter der Bewegung zur Geburtenkontrolle. Siehe dazu Himes (1970).

riert, ein ausgesprochen hohes Interesse an demographischen Entwicklungen, kontrollierte die Fortpflanzungsfähigkeit von Frauen überaus rigoros und verhängte schwere Strafen im Falle von Verfehlungen,[3] die zu Marxens Zeiten in fast allen europäischen Ländern durchgesetzt worden waren.[4] Die Kapitalistenklasse vertraute nie ausschließlich darauf, dass sich die Produktion derart verändern würde, dass eine Überschussbevölkerung geschaffen würde und es immer die optimal zugeschnittene Arbeitskraft gäbe. Marx selbst räumte ein, dass die Geschwindigkeit, mit der das Industriekapital das Leben der Arbeiter*innen verschlinge, so groß sei, dass es eines ständigen Nachschubs bedürfe, der vor allem in ländlichen Regionen und unter Frauen und Kindern rekrutiert werde. Und er war sich der Sorgen der Eliten bewusst, die diese angesichts der hohen Kindersterblichkeit in den Industrieregionen hegten. Selbst im 20. Jahrhundert stützte sich der Kapitalismus ungeachtet seiner technologischen Revolutionen auf die Kontrolle des weiblichen Körpers und der Migrationsbewegungen, um seinen Bedarf an Quantität und Qualität der Arbeitskraft zu stillen, die es für die Entwicklung der Produktivkräfte und

3 Zum Verhältnis zwischen der kapitalistischen Konzeption der Arbeit als Kern der Schaffung von Wert und der Regulierung der Reproduktionsfähigkeit von Frauen siehe Federici (2004), insbesondere das dritte Kapitel über die Hexenverfolgung in Europa.

4 In England wurden Abtreibungen 1803 strafbar und mit Auspeitschung, Deportation oder gar Tod geahndet. Das Gesetz wurde 1828 erneuert. Der „Offences Against Persons Act" aus dem Jahr 1861 stellte jeden Versuch einer Abtreibung unter Strafe. Es drohte eine lebenslängliche Freiheitsstrafe. Die Fortpflanzung in irgendeiner Form manipulieren zu wollen, war zu Marxens Zeiten in allen europäischen Ländern eine Straftat, die mit langjährigen Freiheitsstrafen einherging.

zum Brechen des Widerstands der Arbeiter*innen gegen die Ausbeutung brauchte.[5]

Die zur Produktion neuer Generationen von Arbeiter*innen nötigen Tätigkeiten wie die Hausarbeit sind nicht Teil der Marxschen Auseinandersetzung mit der kapitalistischen Organisation von Arbeit und Ausbeutung. Somit kommen in seiner politischen Analyse die Tätigkeiten und Fähigkeiten – affektive Beziehungen, sexuelles Begehren, Hausarbeit und Fortpflanzung –, deren politisches Potenzial von früheren Sozialist*innen sehr wohl erkannt wurde, einfach nicht vor. Bei Marx fallen sexu-

elle Leidenschaft und Fortpflanzung aus der Welt der ökonomischen Verhältnisse des Kapitals, der von den Arbeiter*innen zu treffenden Entscheidungen und auch ihrer Kämpfe einfach heraus oder kommen nur am Rande vor. Mutterschaft findet nur dann Erwähnung, wenn es um die Arbeiterinnen geht, die ihre Kinder vernachlässigen. Auch Prostituierte kommen weder als Arbeiterinnen noch als politische Subjekte vor. Sheila Rowbotham dazu: „Sie wird als ein Indiz für den Zustand der Gesellschaft wahrgenommen, nicht als Mitglied einer gesellschaftlichen Gruppe, die in Bewegung ist, und dabei ist ein Bewusstsein für Geschichte zu entwickeln.“ (Rowbotham 1974: 63) Prostituierte werden als Opfer der Armut und des morali-

5 Für eine umfassende Analyse der staatlichen Kontrolle von Geburten und Fertilitätsraten und den Zusammenhang mit der Migrationspolitik siehe Dalla Costa (1974). Mit Dalla Costa lässt sich mit Bestimmtheit sagen, dass die Entstehung des globalen Arbeitsmarktes eine Folge der Weigerung der Frauen ist, die Last des Kinderkriegens weiterhin zu tragen, ebenso wie der weltweite Aufschwung von rechten, bestens finanzierten „Pro-Life“-Bewegungen, deren einschüchternde Aktionen in den Vereinigten Staaten von der wichtigsten juristischen Institution des Landes, dem Obersten Gerichtshof, geschützt wurden.

schen Niedergangs beschrieben und als Teil des Lumpenproletariats charakterisiert, das Marx im *Achtzehnten Brumaire des Louis Bonaparte* als „Auswurf, Abfall, Abhub aller Klassen" (MEW 8: 161) abtat. Auch die Frauen in der Fabrik sieht Marx mit sehr eingeschränktem Blick. Wir begegnen zwar ihren leidenden Körpern und den Ungerechtigkeiten, denen sie ausgesetzt sind, aber wir erfahren nicht, wie und ob die Frauen, als sie in die Fabriken kamen, ihre Subjektivität veränderten, wie sich ihre Beziehungen zu den Männern wandelten, ob es ihre Kampfbereitschaft steigerte oder schmälerte, und wie sich ihre Forderungen von denen der Männer unterschieden. Abgesehen von gelegentlichen Bemerkungen über die entwürdigenden Auswirkungen der industriellen und landwirtschaftlichen Arbeit auf den „moralischen Charakter" von Frauen und Mädchen, bedingt durch Überarbeitung und die promiskuitiven Arbeitsbedingungen, geht Marx nicht auf das Schicksal der Arbeiterinnen ein. Im *Kapital* bleiben sie Schattengestalten, die nur als Opfer von Missbrauch dargestellt werden, ein Bild, das in krassem Gegensatz zu den Beobachtungen zeitgenössischer politischer Reformer*innen steht, die beschrieben, dass diese Arbeiterinnen, insbesondere wenn sie alleinstehend und ohne die Last von Kindern waren, ein neues Gefühl von Freiheit erlebten, weil sie einen Lohn bekamen, der es ihnen erlaubte, ihr Zuhause in jungen Jahren hinter sich zu lassen, „ihre eigenen Mätressen zu sein" (Pinchbeck 1930: 311) und sich wie Männer zu verhalten.[6]

6 Siehe beispielsweise auch Lord Ashleys Rede während der Parlamentsdebatte über die „Ten Hours Bill" 1847. Er beklagte sich darüber, dass die „Frauen nicht nur die Arbeit verrichten, sondern auch die Plätze der Männer einnehmen; sie bilden verschiedene Klubs und Vereinigungen

Von der Vielfalt der Arbeit zu Lohnarbeit und „Produktion"

Angesichts dieses Schweigens und der Frage, warum Marx seine Kritik der politischen Ökonomie nicht zu „einer gründlichen Analyse der gesellschaftlichen Reproduktion im Haushalt" (Bellamy Foster 2018: 11) erweiterte, meinte John Bellamy Foster, dass es Marx im *Kapital* darum gegangen sei, eine Kritik des Kapitalismus aus der „Perspektive seiner eigenen Idealvorstellung" (Bellamy Foster 2018: 11) zu formulieren, das heißt „in seiner ihm eigenen Logik" (Bellamy Foster 2018: 11), und von dieser Perspektive aus befindet sich die Reproduktionsarbeit außerhalb des Bereichs der Wertbildung. Marx, schreibt Bellamy Foster, „ging mehr und mehr dazu über, sich der Widersprüche der inneren und äußeren Bestimmungen des Kapitals als System anzunehmen." (Bellamy Foster 2018: 11) Das heißt, er akzeptierte, wie im Kapitalismus die unbezahlte reproduktive Arbeit unsichtbar gemacht wird, und hier – so scheint mir – liegt das Problem. Dadurch vermochte er es nicht, die Grundannahmen der klassischen politischen Ökonomie zu entlarven. Anstatt die unbezahlte reproduktive Arbeit als die Quelle, ja das „Geheimnis" der Reproduktion der Arbeitskraft zu enthüllen, schrieb er die für die Logik und Geschichte der kapitalistischen Entwicklung typische Trennung zwischen Produktion und Reproduktion und die Naturalisierung letzterer als „Frauenarbeit" fort. Es ist nur bezeichnend, dass Marx die wenigen Hinweise auf Hausarbeit in den drei Bänden des *Kapital* in den Fußnoten versteckt. (Vgl. MEW 23: 416f.) Zu seiner Verteidigung reicht es nicht aus, zu argumentieren, dass es einen Unterschied gibt zwischen der Ausbeutung der Arbeits-

und eignen sich allmählich jene Privilegien an, die dem männlichen Geschlecht zustehen." (Lown 1990: 44) kraft und der Enteignung der Bedingungen ihrer Produktion, einschließlich der Arbeit von Frauen und der Natur,[7] wenn man bedenkt, dass Marx behauptet, dass alle Arbeitskraft produzierenden Tätigkeiten ein unverzichtbarer Bestandteil der kapitalistischen Produktion sind.[8]

Es braucht mehr, um zu erklären, warum Marx, der seine Texte zu einer Zeit verfasste, als es zahlreiche Initiativen der Regierung gab, die Fabrik und das Familienleben zu reformieren, was von einem Klagechor über den Zerfall der proletarischen Familie und der Reproduktionsarbeit der Frauen begleitet wurde, all das in seiner Analyse der kapitalistischen Ausbeutung unberücksichtigt ließ.

Es ist hilfreich zu wissen, dass er mit seiner verkürzten Interpretation von Arbeit und Klassenkampf beileibe nicht alleine war. Federico Tomasello zeigte in seinem Buch *L'Inizio del Lavoro*, dass sich seit 1830 vor allem in Frankreich ein komplexer gesellschaftlicher Prozess abspielte, bei dem sowohl der Staat als auch die entstehende Arbeiter*innenbewegung Arbeit und die Figur der Arbeiter*in auf eine Art und Weise neu definierten wurden, dass jene, die keinen Lohn bekamen, ausgeschlossen waren, und jene, die in der Industrie arbeiteten, bevorzugt wurden. (Vgl. Tomasello 2018) Der historische Aufstand des Pariser Proletariats im Jahr 1830, dem Victor Hugo in *Les Miserables* ein Denkmal setzte, und die Eroberung der Stadt

7 Als Beleg zitiert Bellamy Foster (2018: 12–13) einen Text von Eleanor Marx, in dem sie von der „Expropriation" der Frauen und den Rechten der Arbeiter*innen spricht.

8 Marx schreibt: „Produktive Arbeit wäre also solche, die Waren produziert oder das Arbeitsvermögen selbst direkt produziert, bildet, entwickelt, erhält, reproduziert." (MEW 26: 142)

Lyon im folgenden Jahr durch revoltierende Weber*innen stießen einen Prozess der „Integration" von ausgewählten Teilen der aufständischen Arbeiter*innen an. Am Ende dieser Entwicklung, so Tomasello, stand die Geburt des fleißigen, ehrlichen Lohnarbeiters als juristische Figur, den der Staat mit sozialen Rechten, wie dem Recht auf Arbeit, ausgestattet hatte, und der rasch zur Grundlage des modernen Staates und aller modernen Verfassungen wurde.

Die Privilegierung der Lohnarbeit im Hinblick auf die damit verbundenen sozialen Rechte, mithin der Beginn einer vereinheitlichten Repräsentation der Arbeitswelt sowie der Trennung in „classes laborieuses" und „classes dangereuses", markierten Tomasello zufolge auch den Beginn der Gewerkschaften und der sozialistischen Bewegungen.[9] Das würde darauf hindeuten, dass die ausschließende Konzeption der Arbeiter*innenklasse bei Marx nicht einfach nur das Ergebnis eines theoretischen Standpunkts war. Vielmehr war es auch Ausdruck einer politischen Praxis, die den Interessen eines bestimmten Teils der Arbeiter*innen Vorrang gab, sowohl in etablierten als auch in radikalen politischen Zusammenhängen, und ein Bild der Arbeiter*innen zeichnete, auf dem der „ouvrier", der „operaio", also in der Regel der männliche, weiße, entlohnte Industriearbeiter heiliggesprochen wurde. Die Welt der nicht-entlohnten Subjekte, die der Kapitalismus ausbeutete, wie die Hausar-

9 Tomasello unterstreicht die wichtige Rolle, die Saint-Simonisten dabei spielten, die Industriearbeiter ins Zentrum zu rücken, und eine Reihe von Themen, die für die frühen antikapitalistischen Kämpfe wichtig waren, wie beispielsweise „die Kritik der Arbeit und der Technologie, oder auch die Familie oder das Strafsystem" (Tomasello 2018: 132) in der Arbeiter*innenbewegung an den Rand zu drängen.

beiterinnen, die Campesinas, die versklavten Afrikaner*innen und andere koloniale Subjekte, wurde dabei ausgeklammert. Das geschah schon, bevor sich Marx politisch einmischte. In Frankreich kam es beispielsweise bereits in den frühen 1840er-Jahren zu einer derartigen juristischen Definition; doch seine Analyse hatte ihren Anteil daran, diese festzuschreiben, zumal er sie als Ergebnis wissenschaftlicher Erforschung der gesellschaftliche Realität darstellte.

Im Zuge dessen wurde eine Welt von Kämpfen, die auch Europa bis zur Mitte des 19. Jahrhunderts heimsuchte und den wachsenden proletarischen Widerstand gegen die Hegemonie
des Marktes zum Ausdruck brachte – Lebensmittelkrawalle, Aufstände gegen Preisabsprachen, Angriffe auf Bäckereien und auf Fuhrwerke, die Getreide in die Häfen transportieren –,[10] aus radikalen politischen Zusammenhängen getilgt. Diese Kämpfe waren durch die Einheit großer Teile der proletarischen Bevölkerung gekennzeichnet, deren Subsistenz im frühen 19. Jahrhundert durch die zunehmende Kommerzialisierung des Landes und der Reproduktion zerstört wurde, als etwa die Getreidepreise dem Marktgeschehen unterworfen wurden. Ahlrich Meyer schreibt dazu: „Diese Klasse der labouring poor bestand aus Bettlern und Vagabunden auf der Suche nach Arbeit, Tagelöhnern auf dem Land, verarmten Bauern und Halbpächtern, Webern der protoindustriellen Hausindustrie, Gesinde und städtischen Handlangern, saisonalen Wanderarbeitern, Arbeitern auf den Eisenbahnbaustellen, proletarisierten Handwerker-Arbeitern, dem Manufaktur- und Fabrikproletariat und nicht zuletzt aus denen, die Marx das Lumpenproletariat genannt hat, aus den

10 Zur Rolle von Frauen in den sozialen Protesten im früheren achtzehnten Jahrhundert siehe Rowbotham (1974: 102–104).

classes dangereuses – Männer, Frauen und Kinder, insgesamt eine weitgehend mobilisierte Klasse auf einem Arbeitsmarkt, der durch die Migrationsprozesse erstmals auch eine europäische Dimension annahm." (Meyer 2009: 312f.)

„In einem fast hundertjährigen Zyklus von Revolten" (Meyer 2009: 311) mussten, so Meyer, diese verarmten Massen erkennen, dass „ihr Überleben nicht mehr durch Bearbeitung der äußeren Natur zu sichern war" (Meyer 2009: 311), denn die Bedingungen ihrer Existenz verwandelten sich in die Bedingungen des Kapitals. So machten sie, allen voran die Frauen, „die Subsis-

tenzfrage öffentlich" und beantworteten „die gewaltsame Enteignung und Trennung der Produzenten von den Produktionsmitteln" mit der „Praxis der gesellschaftlichen Aneignung." (Meyer 2009: 312) Wenn 1848 das Gespenst des Kommunismus in Europa umging, dann deshalb, so Meyer, weil ein breites Spektrum der Proletarier*innen es nicht hinnehmen wollte, zu Hunger und Elend verurteilt zu werden, und diese in Massenaufständen nach ihrem Recht auf eine Existenz verlangten. Seiner Meinung nach waren es die Niederlage in diesen Kämpfen und die Unterwerfung der Armen und Arbeiter*innen unter eine neue Form der Subsistenz, die dazu führten, dass sich ein verkürzter Begriff von Arbeit und Arbeiter*in und eine „Theorie der Lohnarbeit" entwickeln konnte. (Vgl. Meyer 2009: 314f.)

Jedenfalls hatte die Reduzierung der Arbeiter*innenklasse auf die Lohnarbeit weitreichende Folgen für das Marxsche Werk und schmälerte die Wirkkraft seiner Analyse des Kapitalismus. Während im *Kapital* jede Ausdrucksform der kapitalistischen Gesellschaft – Geld, Kredit, Rente, Maschinerie – einer minutiösen Analyse unterzogen wird, die Marx über Hunderte von Seiten immer wieder aufs Neue aufnimmt, finden wir keine wirkliche Analyse der Funktion und der politischen Konsequenzen hinsichtlich der Unterschiede und Ungleichheiten innerhalb des Proletariats und der gleichzeitigen Existenz von verschiedenen Arbeitsregimen und Formen der Ausbeutung im Kapitalismus. Beispielsweise tauchen weder „Rasse" noch „Gender" in der Marxschen Auseinandersetzung mit der gesellschaftlichen Arbeitsteilung auf. Marx beklagt zwar, dass mit dem Vormarsch der Industriearbeit der erwachsene männliche Arbeiter, der Vater, zu einem „Sklavenhändler"[11] werde, der die Arbeit seiner Frau und seiner Kinder an seinen Arbeitgeber verkaufe, aber er fragt sich nicht, wie das möglich sei. Er erwähnt nicht, dass Frauen in England keinen Anspruch auf den von ihnen erworbenen Lohn hatten, da sie nicht als Rechtssubjekte betrachtet wurden, die vertragliche Beziehungen eingehen konnten.

Erst mit dem „Marriage Property Act" im Jahr 1870 wurde das mittelalterliche „Coverture-System" abgeschafft, das die Existenz verheirateter Frauen vor dem Gesetz ausradierte.[12] Die Unterordnung der Frau unter den Mann war in England so tief verankert, dass der unter Arbeitern weit verbreitete Brauch, die

11 Marx schreibt: „Der Arbeiter verkaufte früher seine eigne Arbeitskraft, worüber er als formell freie Person verfügte. Er verkauft jetzt Weib und Kind. Er wird Sklavenhändler. Die Nachfrage nach Kinderarbeit gleicht oft auch in der Form der Nachfrage nach Negersklaven, wie man sie in amerikanischen Zeitungsinseraten zu lesen gewohnt war." (MEW 23: 417)

12 William Blackstone, der mit seinen „Commentaries on the Laws of England" die bürgerliche Rechtssprechung in England systematisierte, schreibt: „Durch die Heirat wird die Existenz der Frau vor allem in rechtlicher Hinsicht aufgehoben oder zumindest in die des Mannes einverleibt und dadurch gestärkt, weil sie unter seiner Obhut und seinem Schutz alles tun kann und in unserem Recht als ‚femme covert' betrachtet." (Zit nach. Holocombe 1983: 25)

Frau auf dem Markt zu verkaufen, um eine Ehe aufzulösen, bis in das späte 19. Jahrhundert praktiziert wurde und sogar 1901 und 1913 noch vereinzelte Fälle gemeldet wurden.[13] Das erklärt, warum die patriarchalen Verhältnisse der Heimarbeit im Zuge der Industrialisierung nicht verschwanden, sondern in den Fabriken aufs Neue durchgesetzt wurden, und die Produktion zumindest in einer ersten Phase wieder entlang einer Geschlechterhierarchie organisiert war, der Vater die Arbeit seiner Frau und Kinder weitergeben oder sie zusammen mit seiner Arbeit verkaufen und Anspruch auf ihre Löhne erheben konnte.

124 Hätte Marx die gesellschaftlichen Ursachen und Folgen dieser patriarchalen Politik analysiert, dann hätte er eine grundlegende Anomalie in den kapitalistischen Verhältnissen erkennen können. Er hätte gesehen, dass die von ihm genannte Bedingung für die Entstehung der Lohnarbeit, also die „Freiheit", verstanden als „Eigentum am eigenen Körper" und die Fähigkeit, zu arbeiten, nie auf Frauen ausgedehnt worden war. Er hätte darüber hinaus sehen können, dass die Rechte der Frauen, für die

13 Laut Thompson, der sich mit dieser Praxis beschäftigte, fand der Verkauf oder der Tausch von Frauen für sexuelle oder häusliche Dienstleistungen fast überall und zu allen Zeiten statt, vor allem unter Arbeitern, wie Bergleuten, Bäckern, Schornsteinfegern, Stahlarbeitern, Maurern, Ziegelmachern, Tuchmachern, Steinmetzen und vielen anderen Berufen der unteren Klassen. (Vgl. Thompson 1991: 408 – 414). Diese Praxis wurde vom Gesetz geduldet und war derart etabliert, dass sogar noch im ersten Viertel des 20. Jahrhunderts der Verkauf von Frauen vorkam. In einigen Fällen wurden die Männer auch von den Arbeitshäusern gezwungen, ihre Frauen zu verkaufen, damit sie nicht für sie aufkommen mussten. In den unteren Klassen war das auch der schnellste Weg, um eine Ehe zu beenden. Es war üblich, dass ein Mann seine Frau mit einem Strick um den Hals, den Arm oder die Taille vorführte und sie dann an den Meistbietenden verkaufte.

zu seiner Zeit Feministinnen kämpften, insbesondere im Hinblick auf die Rolle der Frau in der Ehe und der Familie, zugleich Rechte als Arbeiterinnen waren, denn das Coverture-System schränkte die Möglichkeit ein, einen Job zu behalten, über den Lohn zu verfügen und sich in der Arbeiter*innenbewegung zu engagieren, da die Macht der Männer, auf die Aktivitäten ihrer Frauen Einfluss zu nehmen, mit Sicherheit deren Möglichkeiten zu kämpfen beeinträchtigte.

Die Frage der patriarchalen Beziehungen innerhalb der Arbeiter*innenklasse war zu Marxens Zeiten von besonderer Bedeutung. Als Marx mit der Arbeit am *Kapital* begann, nahm –
nachdem ein individualisiertes Lohnsystem eingeführt worden war, das unverheirateten Frauen die Kontrolle über ihren Lohn einräumte – der Widerstand der Männer gegen die Präsenz der Frauen in der Fabrik zu. Judy Lown beschreibt in ihrem Buch *Women and Industrialization*, dass dieses Lohnsystem bei den Arbeitern auf Ablehnung stieß und dazu führte, die Arbeit der Frauen als unqualifiziert darstellen zu wollen und ihnen die schlimmsten Tätigkeiten zu übertragen. (Vgl. Lown 1990: 107) Die Gewerkschaften klammerten sich ebenso an die „Grundsätze des Patriarchats" und unterstützten die Einführung von Gesetzen zum Schutze der Frauen und die Forderung der männlichen Arbeiter nach einem „Familienlohn", der es diesen ermöglichte, eine vermeintlich „nicht-arbeitende" Frau zu unterstützen. (Vgl. Lown 1990: 213) Mitte des 19. Jahrhunderts hatten sich die Organisationen der Arbeiter*innenklasse dann auf den „männlichen Ernährer" verständigt. (Vgl. Seccombe 1993: 111–124) Und wieder sehen wir, dass Marx im *Kapital* diesen genderspezifischen Kampf nicht einmal erwähnt, obwohl dadurch die Einheit der Arbeiter*innen geschwächt und die Lebensgrundlage von Frauen bedroht wurde. Auch in diesem

Punkt finden wir in den drei Bänden nur eine Fußnote, nämlich „daß die Beschränkung der Weiber- und Kinderarbeit in den englischen Fabriken von den erwachsenen männlichen Arbeitern dem Kapital aberobert wurde.“ (MEW 23: 418, Fn122)

Gender, Arbeit und der Familienlohn in der Ersten Internationale

Schwieg Marx zu derart zentralen Fragen aus politischem Opportunismus? Das ist eine legitime Frage, denn wir wissen aus seiner Korrespondenz mit Engels, dass er seine Arbeit am *Kapital* immer in direktem Zusammenhang mit der Politik und den Debatten der Ersten Internationalen Arbeiterassoziation sah, die er mitbegründet hatte und in der er eine zentrale Führungsposition einnahm. (Vgl. Pelz 2017: 36–37) Wir wissen auch, dass die Rechte der Frauen innerhalb der Organisation für viele Debatten sorgten und die Erste Internationale in dieser Frage so gespalten war, dass sie sich erst sieben Monate nach ihrer Gründung dazu durchringen konnte, auch Frauen als Mitglieder aufzunehmen; und dann dauerte es weitere zwei Jahre, bis eine bekannte Frau, Harriet Law, eine führende Rolle einnehmen konnte und Teil des Generalrats wurde. Trotzdem verlor Marx in seiner „Inauguraladresse“ (MEW 16: 5–13) kein Wort über die Frauen. Laut den Protokollen „räumte er den arbeitenden Frauen keinen besonderen Platz ein und verstand deren Unterdrückung offenbar einfach als Teil der Unterdrückung der Arbeiter.“ (Fauré 2003: 345) In den frühen 1870er-Jahren setzte er sich dafür ein, die „Sektion 12“ aus der Internationale auszuschließen, jene Sektion, die am stärksten feministisch geprägt war,[14] das Frauenwahlrecht unterstützte, sich für „freie Liebe“

14 Der überwiegende Teil der Sektionen der Internationale war nach der jeweiligen Branche organisiert, wo auch die meist aus Deutschland ein-

und, wie es ihre Vorkämpferin Victoria Woodhull nannte, „gesellschaftliche Freiheit“ einsetzte, das heißt für die Unabhängigkeit der Frauen vom Lohn der Männer und der Sklaverei im eigenen Haus, die der Ehe eingeschrieben war.[15] Es soll nicht unerwähnt bleiben, dass die Frage des Lohns im Ausschlussverfahren Thema war, da der Generalrat unter dem Einfluss von Marx „eine Regel eingeführt hatte, die besagte, dass zwei Drittel der Mitglieder in jeder Sektion Lohnarbeiter*innen zu sein hatten, wodurch die Beteiligung von Arbeitern aus Handwerk und Gewerbe gefördert wurde, aber reformwillige Frauen weitgehend ausgeschlossen waren.“ (Frisken 2004: 44) Der Ausschluss dieser Sektion hatte weitreichende Folgen für die weitere Entwicklung der revolutionären Arbeiter*innenbewegung, der in seiner Bedeutung wohl nur mit der Spaltung zwischen Anarchist*innen und Kommunist*innen vergleichbar ist, weil die Frage der Geschlechterverhältnisse, der Sexualität und der Macht der Frauen in die Zukunft oder, noch schlimmer, in das Niemandsland der bürgerlichen Rechte verschoben wurde.

gewanderten Mitglieder beschäftigt waren. Die Sektion 12 wurde aber von in den USA geborenen Radikalen dominiert, die oft als „Yankee-Internationalist*innen“ bezeichnet wurden. Als die Konflikte zwischen den beiden Fraktionen ausbrachen, empfahl Marx selbst, die Fraktion, die die „Frauenfrage über die Frage der Arbeit stellt“ (Folbre 2009: 103), auszuschließen. Ein Mitglied der Sektion 1 verteidigte in Anlehnung an Marx den Ausschluss: „Dieser Unsinn, von dem sie da reden, das Frauenwahlrecht und freie Liebe, mag in Zukunft von Bedeutung sein, aber die Fragen, die uns als arbeitende Männer interessieren, sind die Arbeit und der Lohn.“ (Frisken 2004: 44)

15 Sie schrieb, dass Frauen, angesprochen auf dieses Problem, antworteten: „Wir können Männer nicht in dem Maße achten, wie wir das bei Frauen tun, weil wir auf sie angewiesen sind.“ (Frisken 2004: 39)

Als einer der Wortführer der Ersten Internationale war sich Marx zweifellos bewusst, dass die Mehrheit der männlichen Mitglieder eine strenge Beschränkung der Frauenarbeit in den Fabriken und die Einrichtung des „Familienlohns" unterstützte, und er vertrat in dieser Sache wahrscheinlich, wie schon im Hinblick auf die Zerstörung der Familie während des Manufakturzeitalters, eine ambivalente Position, die er zwar bedauerte; zugleich ging er davon aus, dies sei hilfreich, um Frauen und Kinder aus der patriarchalen Herrschaft zu befreien. (Vgl. MEW 23: 514) Als Kronzeugin seiner Unentschlossenheit in
 der Frage des „Familienlohns" können wir auf die Berichte von Harriet Law, der einzigen Frau im Generalrat der Internationale, zurückgreifen. Law protestierte dem Protokoll des Generalrats zufolge gegen seine Wortmeldung in dieser Frage, denn Marx befürwortete die Fabrikarbeit der Frauen zwar, erklärte aber, dass die Bedingungen, denen die Frauen und Kinder ausgesetzt seien, abscheulich seien, (vgl. Fauré 2003: 346) womit er die Position der Befürworter des Familienlohns stärkte.[16] Law vertrat die Meinung, Marx habe damit die Interessen der Frauen der Arbeiter*innenklasse verraten, und meldete Protest an. Es ist aber durchaus möglich, dass Marx die Einführung des „Familienlohns" und die Reduzierung der in der

16 In diesem Zusammenhang ist es interessant, dass es in einem der wenigen Hinweise zu den Kämpfen von Frauen im Marxschen Werk um die Unterstützung geht, die Frauen der Forderung ihrer Ehemänner nach einem „Familienlohn" beikommen lassen. Heather Brown erwähnt, dass Marx in einem 1853 verfassten Artikel ohne weiteren Kommentar über „die Bemühungen der Frauen" schreibt, „dass die Männer einen ‚Familienlohn' bekommen und zitiert dabei einen Aktivisten, der meinte, dass jeder Mann einen gerechten Lohn bekommen sollte, um sich selbst und seiner Familie ein Auskommen zu garantieren." (Brown 2012: 103)

Fabrik arbeitenden Frauen als ein vorübergehendes Phänomen betrachtete, da der Fortgang der Industrialisierung die Einbeziehung der Frauen notwendig machen und, wie er im *Kapital* schrieb, „die neue ökonomische Grundlage für eine höhere Form der Familie und des Verhältnisses beider Geschlechter" schaffen würde. (MEW 23: 514)

Falls das der Hintergrund war, warum Marx den „Familienlohn" unterstützte, dann handelte es sich um eine grobe Fehleinschätzung. In den 1870er-Jahren war ein umfassendes Reformprogramm im Anlaufen, das bis zur Jahrhundertwende die Klassenbeziehungen verändern sollte und den Klassenkonflikt entschärfte, indem viele Fabrikarbeiterinnen nach Hause geschickt wurden und ein neues patriarchales Regime eingeführt wurde, das man als „Lohnpatriarchat" bezeichnen kann. (Vgl. Federici 2004: 133–162) Durch diese Veränderungen konnte die Kapitalistenklasse ihre Angst vor einer Revolution der Arbeiter*innenklasse, die sie seit 1848 plagte, weitgehend überwinden. In den 1880er-Jahren war in England wie auch auf der anderen Seite des Atlantik eine neue, überwiegend männliche Lohnarbeiterschaft entstanden, die die Gesetze der kapitalistischen Arbeitsorganisation zwar nicht als „Naturgesetze" begriff, wie es Marx für den Fortgang der kapitalistischen Entwicklung vorhergesagt hatte, aber sozial und politisch gezähmt worden war und zweifellos einen guten Grund hatte, „sich zu Hause zu fühlen", wenn man dort nicht arbeiten musste.[17]

17 Ich beziehe mich hier auf die Marxsche Auseinandersetzung mit „entfremdeter Arbeit", das heißt der Tatsache, dass die Arbeit für die Arbeiter*innen im Kapitalismus eine entfremdende Tätigkeit ist: „Der Arbeiter fühlt sich daher erst außer der Arbeit bei sich und in der Arbeit außer sich. Zu Hause ist er, wenn er nicht arbeitet, und wenn er arbeitet, ist er

Fazit

Ich habe in diesem Kapitel dargelegt, dass die mangelnde Aufmerksamkeit, die Marx in seinem Werk Themen wie Familie, Reproduktionstätigkeiten und Genderhierarchien schenkte, die in der ersten Phase der Industrialisierung herrschten und als Reaktion auf die Reproduktionskrise in der Mitte des 19. Jahrhunderts geschaffen worden waren, nicht allein auf die Lebensverhältnisse der Familien aus der Arbeiter*innenklasse dieser Zeit zurückzuführen ist oder nur darauf, dass er all das aufgrund seiner männlichen Sichtweise einfach übersehen hätte. Vielmehr vertrat Marx, wie auch die sozialistische Bewegung seiner Zeit, einen verkürzten Begriff von Arbeit und Arbeiter*in im Kapitalismus, vor allem, weil er die Rolle der kapitalistischen Entwicklung für den Aufbau der kommunistischen Gesellschaft maßlos überschätzte. Er überschätzte auch die Macht der Industrialisierung, die ihm zufolge die materielle Grundlage einer gerechteren Gesellschaft schaffen sollte, und er war so sehr davon überzeugt, dass die Lohnarbeiter in der Industrie das revolutionäre Subjekt seien, dass er bereit war, für deren Sache Themen und Interessen beiseite zu lassen, die aus seiner Sicht nicht unmittelbar mit der Konfrontation zwischen Arbeit und Kapital zu tun hatten, wie eben das Verlangen der Frauen nach gesellschaftlicher und wirtschaftlicher Unabhängigkeit von den Männern. So dürfte er zwar durchaus erkannt haben, dass die Forderung nach einem „Familienlohn" und Einschränkungen der Frauenarbeit in der Fabrik unweigerlich die patriarchalen Verhältnisse in der Arbeiter*innenklasse festigen würde, doch nahm er dies wohl in der Zuversicht hin, dass der revolutio-

nicht zu Haus. Seine Arbeit ist daher nicht freiwillig, sondern gezwungen, *Zwangsarbeit.*" (MEW 40: 514) näre Prozess, den die kapitalistische Entwicklung zwangsläufig zeitigte, das wieder in Ordnung brächte.

Diese Kritik an Marx soll den gewaltigen Beitrag, den er für unser Verständnis der kapitalistischen Gesellschaft und (indirekt) für die feministische Theorie leistete, keinesfalls schmälern. Die jüngsten Veranstaltungen zum Jahrestag der Veröffentlichung des *Kapital* zeigten, dass die Marxsche Analyse nach 150 Jahren selbst für Kritiker*innen noch immer eine Referenz ist, um die Bewegungen des Kapitals und dessen zukünftige Entwicklungen entschlüsseln zu können. Ob die Arbeitswerttheorie noch in der Lage ist, den Prozess der Kapitalakkumula-
tion zu beschreiben, und ob wir die Politische Ökonomie der Gegenwart durch den Fall der Profitrate erklären können, sind heute genauso wichtige Fragen wie am Ende von Marxens Leben, und auch heute ist eine Auseinandersetzung mit den politischen Verhältnissen, die nicht auf Begriffe wie Kommodifizierung, Entfremdung und Ausbeutung zurückgreift, nur schwer vorstellbar. Die feministische Theorie ist durch die Marxsche Methodologie, die den historisch geschaffenen Charakter der gesellschaftlichen Realität herausarbeitet und sich damit naturalisierender oder identitärer Konzepte oder solcher verwehrt, die diese auf immer und ewig fortschreiben wollen, bereichert worden. Am wichtigsten ist aber, dass uns Marx die Werkzeuge an die Hand gab, um zu erkennen, wie das Kapital in unsere intimsten Bereiche, in das familiäre und affektive Leben, eindringt. Aber er unterschätzte zugleich, welch massive Auswirkungen die Spaltungen haben sollten, die der Kapitalismus in den Körper des Proletariats pflanzte, und wie folgenreich das für die Entwicklung einer revolutionären Arbeiter*innenklasse sein sollte.

Diese Grenzen im Marxschen Werk zu betonen, ist besonders heute wichtig, da wir uns angesichts der scheinbar unbegrenzten zerstörerischen Kräfte des Kapitalismus fragen müssen, warum wir noch immer auf die von Marx vorhergesagte und unvermeidliche Revolution warten müssen. Bei der Suche nach einer Antwort auf diese Frage ist es mehr als hilfreich, sich zu vergegenwärtigen, dass die marxistische Betrachtung der kapitalistischen Ausbeutung bis vor kurzem den größten Bereich der Arbeit und der Arbeiter*innen außen vor ließ und eine ganze Reihe an Themen aus dem Klassenkampf aussparte, die für das

Leben der Arbeiter*innen und ihre Beziehungen zu Kapital und Staat wesentlich sind. Es ist nicht von der Hand zu weisen, dass Frauen, Hausarbeit, Sexarbeit und Kindererziehung in der kommunistischen Theorie und Praxis, von wenigen Ausnahmen abgesehen, nicht vorkamen, und die Arbeiter*innen in der marxistischen Tradition weiß und männlich waren. Ein anschauliches Beispiel dafür ist die Art und Weise, wie die sozialistischen und kommunistischen Bewegungen Anliegen wie beispielsweise die Geburtenkontrolle, die für proletarische Frauen und Männer von größter Bedeutung waren, einfach abtaten, wenn sie ihnen nicht sogar mit Verachtung begegneten. Wally Seccombe erwähnt, dass die sozialistischen Parteien sogar in den 1910er- und 1920er-Jahren gegen die Verwendung von Verhütungsmitteln und Familienplanung Stellung bezogen, da sie dahinter ein malthusianisches Komplott vermuteten, um „die Armen für die Armut verantwortlich zu machen." Clara Zetkin, um ein anderes Beispiel zu nehmen, verurteilte die Geburtenkontrolle und nannte sie einen „individualistischen Luxus" und argumentierte, dass „die Proletarier daran denken müssen, dass es so vieler Kämpfer als möglich bedarf." (Seccombe 1993: 164) In diesem Zusammenhang muss erwähnt werden, dass die SPD erst

1891 „die Gleichberechtigung der Frau offiziell anerkannte, und das nur in einem sehr begrenzten rechtlichen Rahmen." (Rowbotham 1974: 80) Generationen von Marxist*innen betrachteten die Vollzeit-Hausarbeiterinnen als rückständige Subjekte, die nicht in der Lage wären, sich zu organisieren. Mary Inman, einer Fabrikarbeiterin aus Los Angeles, die 1945 in ihrem Essay *In Woman's Defense* die Produktivität der Hausarbeit herausarbeitete, wurde von der Kommunistischen Partei der USA untersagt, weiterhin an der Arbeiter*innen-Schule zu unterrichtet. (Vgl. Weigand 2001) Diesem Beispiel folgend, waren auch die Marxist*innen der 1960er- und 1970er-Jahre unfähig, die Bedeutung der feministischen Bewegung und vor allem des feministischen Kampfes gegen unbezahlte Hausarbeit als maßgeblichen Faktor für die Bestimmung des Werts der Arbeitskraft zu erkennen.

Im Vergleich zu den 1970er-Jahren, als Feministinnen andauernd der Vorwurf gemacht wurde, die Arbeiter*innenklasse zu spalten, hat sich heute viel verändert. Die Entstehung der Studierendenbewegung, der feministischen Bewegung und der Umweltbewegung wie auch die Krise der Lohnarbeit zwangen Marxist*innen dazu, einen Blick jenseits der Fabrik zu riskieren und auf die Schule, die Umwelt und jüngst auch auf die „gesellschaftliche Reproduktion" als wichtige Bereiche der Reproduktion der Arbeitskraft und des Klassenkampfs zu blicken. Doch von wenigen Ausnahmen abgesehen ist die marxistische Linke noch immer nicht im Stande, die Reproduktion des menschlichen Lebens und der Arbeitskraft sowie die darauf aufbauenden Genderhierarchien als zentrales Element im Akkumulationsprozess zu begreifen. Ein Beispiel dafür ist, wie die autonomen Marxist*innen die Vorherrschaft der „immateriellen Arbeit" in der gegenwärtigen Phase der kapitalistischen

Entwicklung theoretisch zu fassen suchen, um die Marxsche Vision aus dem *Maschinenfragment* der *Grundrisse* weiterzuentwickeln, dass der Kapitalismus an der Beseitigung der lebendigen Arbeit aus dem „Produktionsprozess" (vgl. MEW 23: 572–590) arbeite, wobei die Tatsache ignoriert wird, dass reproduktive Arbeit, insbesondere Kinderbetreuung, sich der Industrialisierung verweigert und ein paradigmatisches Beispiel dafür ist, wie sich materielle und emotionale Aspekte in den meisten Formen der Arbeit durchdringen. Ein weiteres Beispiel ist die noch immer bestehende Zurückhaltung vieler Marxist*innen, die Marxsche

Theorie dahingehend zu kritisieren, dass die Globalisierung der kapitalistischen Produktion eine Vorbedingung für den revolutionären Prozess sei, obwohl es mittlerweile offenkundig ist, dass dies nur um den Preis der Zerstörung der Reproduktionsmittel unzähliger Menschen überall auf der Welt passieren kann. Akzeptierten wir die Marxsche These vom progressiven Charakter des Kapitalismus, müssten wir einige der eindrucksvollsten Kämpfe, die wir im Moment weltweit erleben, als wenig zielführend, wenn nicht als reaktionär abtun. Denn dabei handelt es sich eindeutig um Kämpfe gegen die kapitalistische Entwicklung, die in den Augen der indigenen Gemeinschaften, die beispielsweise gegen die Zerstörung ihres Landes und ihrer Kulturen durch Bergbau, Ölbohrungen oder Wasserkraftwerke und andere „Megaprojekte" kämpfen, nur ein anderer Name für Gewalt ist. (Vgl. Klein 2014)

Zusammenfassend lässt sich sagen, dass wir, wenn wir den „revolutionären Kern" der Marxschen Theorie aus diesem Berg von entwicklungsgläubigen Interpretationen und Ansätzen, unter denen er begraben wurde und wofür Marx zweifellos mitverantwortlich war, retten wollen, dann müssen wir den Marxismus und den Kapitalismus aus der Perspektive des Reproduktionsprozesses neu denken, wie es einige von uns ja seit Jahrzehnten tun, aus der Erkenntnis heraus, dass es sich hier um das strategisch wichtigste Feld sowohl im Kampf gegen den Kapitalismus als auch für den Aufbau einer Gesellschaft handelt, die nicht auf Ausbeutung beruht.

Die Entstehung der Hausarbeit im England des 19. Jahrhunderts und das Lohnpatriarchat

136 Bis heute wird die Hausarbeit von vielen als natürliche Berufung der Frau betrachtet. Das geht soweit, dass man gerne von „Frauenarbeit“ spricht. In Wirklichkeit jedoch ist die Hausarbeit, wie wir sie kennen, eine recht junge Erfindung, die auf das späte 19. und frühe 20. Jahrhundert zurückgeht, als unter dem Eindruck der aufständischen Arbeiter*innenklasse auf der einen und der Notwendigkeit einer produktiveren Arbeitskraft auf der anderen Seite die Kapitalistenklasse in England und den Vereinigten Staaten soziale Reformen einleitete, die nicht nur die Fabrik, sondern auch die Gesellschaft, den Haushalt und vor allem die gesellschaftliche Rolle der Frauen veränderte.

Betrachten wir diese Reformen im Hinblick auf die Folgen für Frauen, dann können wir sie als die Einführung der Vollzeithausfrau beschreiben, ein komplexer sozialtechnischer Prozess, der innerhalb weniger Jahrzehnte die Frauen, insbesondere die Mütter, aus den Fabriken verbannte, die Löhne der männlichen Arbeiter deutlich und so weit erhöhte, dass sie eine „nicht-arbeitende“ Hausfrau unterstützen konnten, und für Bildungsangebote sorgte, um den Fabrikarbeiterinnen die notwendigen Fähigkeiten für die Hausarbeit beizubringen.

Diese Reformen wurden nicht nur von Regierungen und Unternehmern vorangetrieben; auch die männlichen Arbeiter verlangten nach dem Ausschluss der Frauen aus der Fabrik und der Lohnarbeit, mit dem Argument, der Platz der Frauen sei am Herd. In der zweiten Hälfte des 19. Jahrhunderts setzten sich die Gewerkschaften vehement dafür ein, weil sie davon überzeugt waren, dass die Beseitigung der Konkurrenz zu Frauen und Kindern die Verhandlungsmacht der männlichen Arbeiter stärken würde. Wally Secombe zeigte in ihrem Buch *Weathering the Storm* (1993), dass bis zum Ersten Weltkrieg die Idee des „Familienlohns" oder eines „existenzsichernden Lohns" „zu einem wichtigen Fixpunkt für die Arbeiter*innenbewegung und bei Verhandlungen ein zentrales Ziel der Gewerkschaften geworden war, und von Arbeiterparteien in der gesamten kapitalistischen Welt unterstützt wurde." (Seccombe 1993: 114) Ein Lohn, mit dem man eine Familie ernähren kann, wurde zum Symbol männlicher Ehrbarkeit und markierte die Grenze zwischen den oberen Teilen der Arbeiter*innenklasse und den „laboring poor". (Vgl. Seccombe 1993: 114)

In dieser Hinsicht stimmten die Interessen der männlichen Arbeiter mit denen der Kapitalisten überein. Die Krise, die durch die Kämpfe der Arbeiter*innen in den 1830er- und 1840er-Jahren ausgelöst worden war, durch die Entstehung des Chartismus, der Gewerkschaftsbewegung und die Anfänge der sozialistischen Bewegung, sowie die Angst auf Seiten der Unternehmer vor dem europaweiten Aufstand der Arbeiter*innen im Jahr 1848, „der sich wie ein Buschfeuer am ganzen Kontinent ausdehnte" (Seccombe 1993: 80), wurden die Machthabenden davon überzeugt, die Lebensbedingungen der Arbeiter*innen verbessern zu müssen. Die alte Strategie, die Löhne auf ein Minimum zu drücken und die Arbeitszeiten auf ein Maximum auszudehnen, wodurch keine Zeit für die Reproduktion blieb, hatte ausgedient, sofern Großbritannien nicht in andauernde soziale Unruhen verwickelt oder gar mit einer Revolution konfrontiert sein wollte.

Darüber hinaus bereitete die Anhäufung der Anzeichen, dass sich die Frauen der Arbeiter*innenklasse zunehmend von Familie und Reproduktion entfremdeten, den Reformern große Sorgen. Die englischen Frauen aus der Arbeiter*innenklasse, insbesondere die „Mädchen", die den ganzen Tag in der Fabrik verbrachten, ihren eigenen Lohn hatten, es gewohnt waren, unabhängig zu sein und ihre Freizeit mit anderen Frauen und

Männern in der Öffentlichkeit zu verbringen, hatten „einfach kein Interesse daran, die nächste Generation an Arbeiter*innen zu produzieren." (Mies 1995: 171) Sie weigerten sich, eine Rolle im Haushalt zu übernehmen, und gefährdeten mit ihren ungestümen, sonst Männern vorbehaltenen Manieren und Gewohnheiten wie Rauchen und Trinken die bürgerliche Moral.[1]

Beschwerden, dass die Arbeiterinnen nicht über die notwendigen Fertigkeiten für den Haushalt verfügten und verschwenderisch seien, womit gemeint war, dass sie einfach kauften, was sie brauchten, ihr Unvermögen zu kochen, zu nähen und das Haus sauber zu halten, weswegen ihre Männer gezwungen seien, in der Kneipe Zuflucht zu suchen, sowie ihre mangelhafte mütterliche Zuneigung waren in den Berichten der Reformer von den 1840er-Jahren bis zur Jahrhundertwende omnipräsent. (Vgl.

1 Ein britischer Fabrikkommissar dazu: „Sie gehen oft in die Kneipe, bestellen ihre Bier und rauchen Pfeife wie die Männer." Einem anderen zeitgenössischen Beobachter zufolge förderte die Lohnarbeit bei Frauen „einen frühzeitigen Unabhängigkeitsgeist, der die Familienbande schwächt und für die Erledigung der häuslichen Pflichten höchst unvorteilhaft ist." (Seccombe 1993: 121)

Hewitt 1958) Es ist bezeichnend, dass sich 1867 eine „Kommission für Kinderarbeit" beschwerte, dass, wenn „sie (die verheirateten Frauen) von acht in der Früh bis fünf am Nachmittag arbeiten, müde und erschöpft nach Hause kommen, sie nicht willens sind, noch irgendeine Anstrengung auf sich zu nehmen, um ihre Unterkunft gemütlich zu machen", sodass „der Ehemann, wenn er nach Hause kommt, alles ungemütlich vorfindet, die Unterkunft schmutzig ist, kein Essen auf ihn wartet, die Kinder müde und streitlustig sind, und die Frau sauer ist, sein Zuhause so gar nicht einladend für ihn ist, dass er sich ins Gasthaus verzieht und ein Trinker wird." (Hewitt 1958: 70)

Sogar Marx bemerkte, dass die „Fabrikmädchen" nicht über häusliche Fertigkeiten verfügten und ihr Einkommen verwendeten, um Dinge zu kaufen, die früher zu Hause produziert worden seien, und er schlussfolgerte, dass die durch den US-amerikanischen Bürgerkrieg verursachte Schließung der Baumwollspinnereien zumindest einen nutzbringenden Effekt habe:

> „Die Arbeiterfrauen fänden jetzt die nötige Muße, ihren Kindern die Brust zu reichen, statt sie mit Godfrey's Cordial (einem Opiat) zu vergiften. Sie hätten auch die Zeit gewonnen, kochen zu lernen. Unglücklicherweise fiel diese Kochkunst in einen Augenblick, wo sie nichts zu essen hatten. (...) Ebenso wurde die Krise benutzt, um in eignen Schulen die Töchter der Arbeiter nähen zu lehren. Eine amerikanische Revolution und eine Weltkrise erheischt, damit die Arbeitermädchen, die für die ganze Welt spinnen, nähen lernen!" (MEW 23: 416, Fn 120)

Neben der Sorge um die Krise des häuslichen Lebens, eine Folge der Erwerbstätigkeit der Frauen, ging die Angst um, dass sich die Frauen die Vorrechte der Männer aneignen könnten, was – so glaubte man – die Stabilität der Familie aushöhlen und zu sozialen Unruhen führen würde. Während der Parlamentsdebatten zum Gesetz über den Zehnstundentag im Jahr 1847 sprach ein Befürworter der Reglementierung der Arbeitszeit für Frauen folgende Warnung aus: „Arbeiterinnen verrichten nicht nur die Arbeit der Männer, sondern besetzen auch deren Platz. Sie gründen Clubs und Vereinigungen und eignen sich nach und nach all jene Privilegien an, die eigentlich für das männliche Geschlecht vorgesehen sind." (Lown 1990: 181) Eine zerrüttete Familie, so die Annahme, würde für Instabilität im Land sorgen. Vernachlässigte Ehemänner würden ihr Zuhause verlassen, ihre Freizeit in Gasthäusern, Bierschenken oder Schnapskneipen verbringen, dort gefährliche Bekanntschaften machen, und das würde eine aufrührerische Gesinnung begünstigen.

Eine zusätzliche Bedrohung kam daher, dass die Kombination aus niedrigen Löhnen, langen Arbeitszeiten und mangelhafter häuslicher Versorgung die Arbeitskraft dezimieren, die Lebenserwartung reduzieren und ausgemergelte Menschen hervorbringen würde, von denen man weder erwarten könnte, gute Arbeiter noch gute Soldaten zu sein.

Während Marx die generationsübergreifende Reproduktion der Arbeitskraft nicht weiter wichtig nahm, weil sich das Kapital seiner Meinung nach auf den „Selbsterhaltungs- und Fortpflanzungstrieb" (MEW 23: 597) der Arbeiter*innen verlassen könne, machte sich die Kapitalistenklasse in den 1860er-Jahren sehr wohl Sorgen, dass das Proletariat aufgrund von Überarbeitung (vgl. Fortunati 1981: 170; Seccombe 1993: 77), Unterernährung und ständiger Epidemien Gefahr laufe, auszusterben. Tatsächlich hatten jahrelange Überarbeitung und schlechte Löhne dazu geführt, dass die Fähigkeit der Arbeiter*innen, sich selbst zu reproduzieren, massiv beeinträchtigt worden war und die durchschnittliche Lebenserwartung der Männer in den Industriegebieten bei weniger als dreißig Jahren lag. Wally Secombe schreibt dazu:

> „Die Vitalität, Gesundheit und Belastbarkeit des städtischen Proletariats hatte sich im Laufe der ersten Phase der Industrialisierung allmählich erschöpft. Die Arbeiter*innen waren schon in jungen Jahren vollkommen ausgelaugt, und ihre Kinder waren krank und schwächlich. Sie wuchsen unter elendigen Wohnverhältnissen auf, wurden mit acht oder zehn Jahren zur Arbeit gezwungen, und wenn sie vierzig waren, waren sie nicht mehr dazu in der Lage, Jahr für Jahr, zwölf Stunden am Tag, und fünfeinhalb Tage die Woche zu arbeiten." (Seccombe 1993: 73)

Die Arbeiter*innen in den Textilstädten von Lancashire waren überarbeitet, unterernährt und wohnten in überfüllten Slums, wo sie ein kärgliches Leben führten und früh verstarben. In den 1860er-Jahren hatten sie in Städten wie Manchester und Liverpool eine Lebenserwartung von weniger als dreißig Jahren. (Vgl. Seccombe 1993: 75–77) Die Kindersterblichkeit war ebenfalls ungemein hoch; auch in diesem Fall wurde behauptet, dass dies vor allem an der Vernachlässigung und der Entfremdung von den Müttern liege. Wobei die Fabrikinspektoren jedoch einräumten, dass die Arbeiterinnen keine andere Wahl hätten, als ihre Säuglinge bei einem der jungen Mädchen oder einer der älteren Frau zurückzulassen, die sie mit Brot und Wasser fütterten und ihnen zur Beruhigung reichlich Godfrey's Cordial, ein beliebtes Opiat, verabreichten, da sie selbst ja den größten Teil des Tages außer Haus waren.[2] Es

2 Hewitt beschreibt, dass „die Betreuerinnen den Kindern, um ihre verzweifelten Schreie zu unterdrücken, da sie ja dauernd wegen ihrer ungewohnten Ernährung Schmerzen haben mussten, Gin und Pfefferminze,

ist auch keine Überraschung, dass die Frauen in den Fabriken Schwangerschaften nach Möglichkeit zu vermeiden suchten und nicht selten zu Medikamenten griffen, um einen Schwangerschaftsabbruch herbeizuführen.

Vor diesem Hintergrund müssen wir die zunehmende Entrüstung über den „himmelschreienden Verlust an Menschenleben" durch das Fabrikregime, der in der Mitte des 19. Jahrhunderts die Mittel- und Oberklasse beschäftigte, umso beunruhigender finden, da die Bedingungen in anderen „Berufen" nicht viel besser waren. Die von den Reformern ange-

prangerten Lebensbedingungen in den Industriestädten waren keineswegs außergewöhnlich; wir finden sie sowohl in landwirtschaftlichen Gebieten, wo Frauen als Tagelöhnerinnen in Kolonnen arbeiteten,[3] als auch in den Bergbaugebieten von Nord-Lancashire, Cheshire und Südwales. Dort arbeiteten, was auch von Marx beschrieben wurde, Frauen und zum Teil Mädchen von dreizehn Jahren, manchmal sogar noch jünger, elf Stunden oder mehr am Tag in den Gruben, um das Erz herauszuho-

sowie andere Mittelchen, wie Godfrey's Cordial, Atkinson's Royal Infant Preservative und Mrs. Wilkinsons Beruhigungssirup verabreichten. So entstand ein Teufelskreis, bei dem die Kinder mit Brot und Wasser gefüttert wurden und dann noch mehr Likör verabreicht bekamen, und das ging dann Tag für Tag so weiter. (…) Die Zusammensetzung dieser beruhigenden Mittel unterschied sich von einem Apotheker zum anderen, aber irgendein Betäubungsmittel, ob nun Opium, Laudanum oder Morphium war immer dabei." (Hewitt 1958: 141) Hewitt erwähnt auch, dass „der Absatz dieser Opiate in den Industrievierteln enorm war. In Coventry wurden jede Woche 12.000 Dosen Godfrey abgesetzt, und in Nottingham war es sogar noch mehr." (Hewitt 1958: 142)

3 Über diese Arbeitsweise und den schlechten Zustand in den Wohnhäusern aufgrund der Beschäftigung von Frauen in der Landwirtschaft siehe Pinchbeck (1930: 86–87 und 106–107)

len, die größeren Stücke zu zerkleinern oder, an Karren angekettet, die Kohle zu den Pferdewagen zu schleppen, halbnackt, manchmal bis zu den Knien im Wasser und in der Regel gemeinsam mit ihren Kindern. (Vgl. Pinchbeck 1930: 240–249)

Das offenkundige Unvermögen der Arbeiter*innenklasse, sich selbst zu reproduzieren und für einen steten Nachschub an Arbeitskräften zu sorgen, war vor allem deswegen ein Problem, weil sich sowohl in Großbritannien als auch in den Vereinigten Staaten in der zweiten Hälfte des 19. Jahrhunderts eine umfassende Veränderung des Produktionssystems vollzog, die nach einem stärkeren und produktiveren Typus von Arbeiter*in verlangte. Diese Veränderungen werden meist als „Zweite Industrielle Revolution"[4] bezeichnet, also der Übergang von der Leicht- zur Schwerindustrie, von der Textilproduktion zur Produktion von Stahl, Eisen und Kohle als den führenden Sektoren der Industrie und wichtigsten Quellen der Kapitalakkumulation, die erst durch ein umfangreiches Eisenbahnnetz und die Einführung der Dampfkraft möglich wurden.

In den 1840er-Jahren setzte sich unter den Architekten dieser neuen Industriellen Revolution langsam eine neue Doktrin durch. Diese verband höhere Produktivität und intensivere Formen der Ausbeutung der Arbeit mit höheren Löhnen für die Männer, kürzeren Arbeitszeiten und – noch wichtiger – besseren Lebensbedingungen für die Arbeiter*innenklasse, sichergestellt durch die Anwesenheit von fleißigen und sparsamen Ehefrauen im trauten Heim. (Vgl. Hobsbawm 1968: 101ff.)

Einige Jahrzehnte später brachte der englische Ökonom Alfred Marshall das neue industrielle Credo in seinem Buch

4 Zur Zweiten Industriellen Revolution siehe das 4. Kapitel bei Seccombe (1993) und das 6. Kapitel bei Hobsbwam (1968)

Principles of Economics (1890) auf den Punkt. In seinen Überlegungen über die Bedingungen, die erforderlich sind, damit die „Gesundheit, physische, mentale und moralische Kraft" (Marshall 1938: 193) der Arbeiter*innen oder, in seinen Worten, „die Grundlage der industriellen Effizienz, von der die Produktion und der materielle Wohlstand abhängig sind" (Marshall 1938: 193), erhalten bleiben, kam er zum Schluss, dass dafür eine „qualifizierte Hausfrau, die zehn Schilling in der Woche für Lebensmittel ausgibt, mehr für die Gesundheit und Leistungsfähigkeit ihrer Familie tut, als eine unqualifizierte, die das Doppelte

ausgibt." (Marshall 1938: 195) Weiter schreibt er:

> „Die hohe Kindersterblichkeit unter den Armen ist hauptsächlich auf mangelnde Sorgfalt und Umsicht bei der Zubereitung des Essens zurückzuführen, und diejenigen, die nicht der mangelnden mütterlichen Fürsorge zum Opfer fallen, wachsen häufig mit einer geschwächten Konstitution auf." (Marhsall 1938: 195–196)

Er betonte auch, dass die Mutter „der erste und bei weitem wichtigste Einfluss" sei, um die „grundsätzliche Bereitschaft" (Marhsall 1938: 198) zu arbeiten herzustellen. Diese Bereitschaft definierte er folgendermaßen: „In der Lage zu sein, viele Dinge gleichzeitig im Kopf zu haben, alles griffbereit zu haben, wenn man es braucht, sofort einzugreifen, wenn etwas daneben geht, sich schnell an Veränderungen anzupassen, standfest und zuverlässig zu sein, immer für den Notfall gerüstet zu sein, das sind die Eigenschaften, die es in der Industrie braucht. Diese sind nicht für einen Beruf typisch, sondern werden überall gebraucht." (Marshall 1938: 206f.)

So ist es wenig verwunderlich, dass seit den 1840er-Jahren in jedem Bericht empfohlen wurde, zum einen die Arbeitszeit verheirateter Frauen in den Fabriken zu senken, damit sie sie ihren häuslichen Pflichten nachkommen könnten, und zum anderen schwangere Frauen erst gar nicht einzustellen. Der Bedarf an einem neuen Typus von Arbeiter, der gesünder, robuster, produktiver und vor allem disziplinierter und „domestiziert“ war, war der Hintergrund, warum die Hausfrau in der Arbeiter*innenklasse durchgesetzt und eine Form des häuslichen und familiären Lebens, das bis dahin der Mittelklasse vorbehalten war, auf die Arbeiter*innenklasse ausgedehnt wurde.

Daher rührte die schrittweise Verdrängung von Frauen und Kindern aus den Fabriken, die Einführung des Familienlohns, die Vermittlung von häuslichen Tugenden an die Frauen, kurzum die Durchsetzung eines neuen Reproduktionsregimes und eines neuen „Gesellschaftsvertrags“, der bis zum Ersten Weltkrieg in allen Industriestaaten zur Norm geworden war. In den Vereinigten Staaten erreichte diese Entwicklung im Jahrzehnt vor dem Krieg mit der Entstehung des Fordismus während der sogenannten „Progressive Era“[5] seinen Höhepunkt. (Vgl. Dalla Costa 1997; Folbre 1991) Man ging davon aus, dass Investitionen in die Reproduktion der Arbeiter*innenklasse zu einer höheren Produktivität führten, wobei die Hausfrau dafür zuständig sein sollte, den Lohn sinnvoll auszugeben und die Arbeiter gut zu versorgen, das heißt gut genug, um von einem weiteren Arbeitstag verzehrt zu werden; die Kinder sollten entsprechend auf ihr zukünftiges Schicksal als Arbeiter*innen vorbereitet werden.

5 Als „Progressive Era“ wird in den USA die Zeit von den 1890er- bis in die 1920er-Jahre bezeichnet. Diese Zeit war war geprägt von sozialen Kämpfen, aber vor allem auch von allerlei reformistischen Modernisierungsversuchen, die von der Mittel- und Oberschicht getragen wurden. (Anm. des Übersetzers)

In England begann dieser Prozess mit der Verabschiedung des „Mines and Collieries Act" im Jahr 1842, der allen Frauen und Jungen unter zehn Jahren die Arbeit in den Minen untersagte, und des „Ten Hours Act" von 1847, wofür die Arbeiter*innen vor allem in Lancashire seit 1833 agitiert hatten.

Es wurden noch andere Reformen umgesetzt, die dazu beitrugen, dass in der Arbeiter*innenklasse eine neue Familienform und die Rolle der Frau als unbezahlte Hausarbeiterin durchgesetzt werden konnten. Die Löhne der männlichen Arbeiter wurden beträchtlich erhöht, zwischen 1862 und 1875 stiegen sie um 40 Prozent und danach noch schneller, sodass sie um das Jahr 1900 ein Drittel über dem Niveau von 1875 lagen.[6] Im Jahr 1870 wurde darüber hinaus ein nationales Bildungssystem und 1891 die Schulpflicht eingeführt. Wenig später wurden „in den öffentlichen Grundschulen Hauswirtschaftskurse, theoretischer und praktischer Natur" (Hobsbawm 1968: 79) etabliert.

Auch im sanitären Bereich, beispielsweise bei der Wasserversorgung, Kanalisation und Straßenreinigung, gab es Reformen, wodurch die wiederkehrenden Epidemien eingedämmt werden konnten. Um 1860 gründeten sich Vereinigungen zum Schutz des „Lebens von Kleinkindern", um die Regierung davon zu überzeugen, gegen das „Baby-Farming"[7] vorzugehen. Es gab Pläne, die Frauen, die sich der Vernachlässigung ihrer Kinder schuldig machten, zu bestrafen und die von ihnen angestellten

6 Hobsbawm schreibt dazu: „Anfang der 1870er Jahre war die Gewerkschaftsbewegung offiziell anerkannt und akzeptiert." (Hobsbawm 1968: 128)

7 Unter „Baby-Farming" verstand man in England die Praxis, Säuglinge und Kleinkinder gegen Bezahlung in die Obhut anderer Frauen zu geben. (Anm. des Übersetzers)

Ammen zur Registrierung zu zwingen, um diese kontrollieren zu können. Es gab auch Bemühungen, für die noch berufstätigen Mütter Kinderkrippen einzurichten. Im Jahr 1850 wurde in Lancashire unter der Patronage der Bürgermeister von Manchester und Salford die erste eröffnet. Diese Ansätze scheiterten jedoch am Widerstand der Arbeiterinnen, weil damit der Broterwerb älterer Frauen wegfiel, die nicht mehr in der Lage waren, in der Fabrik zu arbeiten, und für ihr Auskommen darauf angewiesen waren, sich um die Kinder anderer Frauen zu kümmern. (Vgl. Hobsbawm 1968: 166)

Nicht zuletzt machte die Durchsetzung der Familie in der Arbeiter*innenklasse eine strikte Trennung zwischen Hausfrauen und Prostituierten notwendig, nachdem die Reformer erkannt hatten, dass es schwierig wäre, die Frauen davon zu überzeugen, zu Hause zu bleiben und unbezahlt zu arbeiten, wenn ihre Freundinnen und Schwestern mehr Geld verdienten und weniger arbeiteten, indem sie ihren Körper auf der Straße verkauften.

Die Ursache für die große Zahl von Prostituierten aus der Arbeiter*innenklasse wurde wieder einmal nicht nur in den niedrigen Löhnen und den beengten Wohnbedingungen gesehen, sondern auch in den mangelnden Kenntnissen der proletarischen Mädchen in Haushaltsführung, was es, wie ein Artikel aus der *Times* im Jahr 1857 argumentierte, zumindest erleichtert hätte, sie als Dienstmädchen in die Kolonien zu exportieren. (Vgl. Acton 1857: 210–211) „Bringt ihnen die Haushaltsführung bei", war eine der Antworten auf die Probleme, die die Prostitution mit sich brachte. Zur selben Zeit wurden neue Bestimmungen eingeführt, um die Sexarbeit stärker zu kontrollieren und entwürdigender zu gestalten. Zuallererst wurde begonnen, die Unterkünfte zu registrieren, wo Prostitution ausgeübt wurde, dann gab es verpflichtende ärztliche Kontrollen, die in den „Contagious Diseases Acts" (1864, 1866, 1869) vorgesehen waren und für diejenigen, die erkrankten, eine Inhaftierung in einem Spital von bis zu sechs Monaten bedeuteten. (Vgl. Acton 1857: 232)

Die gute, fleißige, sparsame Ehefrau von der verschwenderischen Prostituierten abzugrenzen, war eine entscheidende Voraussetzung, um jene Familie zu schaffen, die zur Jahrhundertwende entstand, da die Trennung der „guten" von der „schlechten" Frau und der Ehefrau von der „Hure" eine Voraussetzung für die Akzeptanz der unbezahlten Hausarbeit war.

William Acton, ein Arzt und Sozialreformer, drückte es folgendermaßen aus: „Mein Hauptinteresse galt den Folgen, die es auf verheiratete Frauen hatte, wenn sie daran gewöhnt waren, ihre lasterhafte und verschwenderische Schwesternschaft zu sehen, wie sie sich fröhlich zur Schau stellte, ‚erstklassig' in ihrer Sprache, und dabei die Aufmerksamkeit aller Männer auf sich zog, versorgt mit kostenlosem Alkohol, an den besten Plätzen sitzend, weit über ihrem Stand gekleidet, mit genügend Geld zum Ausgeben, und sich selbst keinen Spaß und keine Freuden verweigernd, unbelastet von häuslichen Verpflichtungen und Kindern. Was immer sich auch hinter diesem Schauspiel verbarg, diese offensichtliche Überlegenheit eins lockeren Lebens konnte dem scharfsinnigen Geschlecht nicht verborgen geblieben sein." (Acton 1857: 54)

Die Trennung der Hausfrauen von den „Mädchen in der Fabrik" und vor allem die Trennung der Hausfrauen von den Prostituierten schufen eine neue geschlechtliche Arbeitsteilung, die durch die Örtlichkeiten, wo die Frauen arbeiteten, und die gesellschaftlichen Beziehungen, die ihren Aufgaben zugrunde lagen, charakterisiert war. Ehrbarkeit und Respekt dienten als Entschädigung für unbezahlte Arbeit und Abhängigkeit von den Männern. Dieser „Deal“ bestand in vielerlei Hinsicht bis in die 1960er- und 1970er-Jahre, bevor eine neue Generation von Frauen sich diesem zu verweigern begann. Es regte sich jedoch sehr bald, parallel zu den Bemühungen der Reformer, Widerstand gegen das neue Regime. Viele proletarische Frauen wehrten sich gegen die Idee, zur Hausarbeit gezwungen zu werden. Margaret Hewitt berichtet, dass im Norden Englands viele Frauen zur Arbeit gingen, ohne dazu gezwungen zu sein, weil sie „daran Geschmack gefunden hatten“ und sie „die überfüllte Fabrik dem beschaulichen Heim vorzogen, weil sie diese einsame Hausarbeit hassten.“ (Hewitt 1958: 191)

Da das wirtschaftliche Überleben der Familie nun von den Männern abhing, entstand eine neue Quelle des Konflikts zwischen Frauen und Männern, nämlich über die Verwendung und Verteilung des Lohns. Der Zahltag war nun ein Tag voller Spannungen. Die Ehefrauen erwarteten ungeduldig die Heimkehr ihrer Männer und versuchten oft, sie vor dem Weg in die Kneipe abzufangen, wo diese alles versoffen. Manchmal schickten sie auch ihre Söhne vor, um die Väter zu holen, was nicht selten in körperlichen Auseinandersetzungen endete. (Vgl. Seccombe 1993: 146–154)

Im Zuge dieser großen Transformation klafften die Interessen von männlichen und weiblichen Arbeiter*innen zunehmend auseinander. Währen die Gewerkschaften das neue Haushaltsregime begrüßten, das sich bis zum Ersten Weltkrieg in allen Industrieländern durchgesetzt hatte, traten die Frauen eine Reise an, die sie noch abhängiger von den Männern machte und zunehmend voneinander isolierte, weil sie dazu gezwungen waren, im abgeschotteten Raum des eigenen Hauses zu arbeiten, über kein eigenes Geld verfügten und ihre Arbeitszeit keine Grenze kannte.

Mit diesen Veränderungen verflog auch die Angst der Kapitalisten vor einer Revolution der Arbeiter*innenklasse, die sie seit 1848 beunruhigt hatte. Bis in die 1880er-Jahre war in England und auch jenseits des Atlantik eine neue, überwiegend männliche Lohnarbeiterschaft entstanden, die vielleicht nicht, wie es Marx für den Fortgang der kapitalistischen Entwicklung vorhergesagt hatte, die kapitalistische Organisation der Arbeit als „Naturgesetze" begriff, aber sozial und politisch domestiziert worden war und nun ganz offensichtlich gute Gründe hatte, „sich zu Hause zu fühlen, wenn man nicht arbeitete."[8]

8 Ich beziehe mich hier auf die Marxsche Auseinandersetzung mit „entfremdeter Arbeit", das heißt mit der Tatsache, dass die Arbeit für die Arbeiter*innen im Kapitalismus eine entfremdende Tätigkeit ist: „Der Arbeiter fühlt sich daher erst außer der Arbeit bei sich und in der Arbeit außer sich. Zu Hause ist er, wenn er nicht arbeitet, und wenn er arbeitet, ist er nicht zu Haus. Seine Arbeit ist daher nicht freiwillig, sondern gezwungen, *Zwangsarbeit.*" (MEW 40: 514)

Die Geschichte der Sexarbeit in den USA und Großbritannien

Seit Anbeginn der kapitalistischen Gesellschaft hatte die Sexarbeit im Rahmen der kapitalistischen Produktion und der kapitalistischen Arbeitsteilung zwei grundlegende Aufgaben zu erfüllen: Zum einen hatte sie für die Zeugung neuer Arbeitskräfte zu sorgen. Zum anderen war sie ein zentraler Bestandteil ihrer alltäglichen Reproduktion, denn die sexuelle Befriedigung war zumindest für Männer das Sicherheitsventil, um die Spannungen, die sich während des Arbeitstags aufbauten, ablassen zu können, und das war umso unverzichtbarer, als Sex lange Zeit eines der wenigen Vergnügen war, das ihnen zugestanden wurde. Der Begriff „Proletariat" bezeichnete eine Arbeiter*innenklasse, die sich selbst erfolgreich reproduziert, nicht nur, weil ein weiteres Kind eine zusätzliche Arbeitskraft für die Fabrik und einen zusätzlichen Lohn bedeutete, sondern auch, weil Sex das einzige für die Armen zugängliche Vergnügen darstellte.

Die sexuelle Aktivität der Arbeiter*innenklasse wurde trotz ihrer großen Bedeutung während der ersten Phase der Industrialisierung kaum Ziel staatlicher Regulierung. In dieser Phase, die bis in die zweite Hälfte des 19. Jahrhunderts andauerte, bestand die große Sorge der Kapitalistenklasse weniger in der Qualität als in der Quantität der zu produzierenden Arbeitskraft. Die britischen Fabrikbesitzer kümmerte es wenig, dass die englischen Arbeiter*innen im Durchschnitt mit 35 Jahren starben, solange sie diese Jahre von Sonnenaufgang bis Sonnenuntergang, von den ersten Lebensjahren bis zu den letzten in der Fabrik verbrachten und solange genügend neue Arbeitskräfte gezeugt wurden, um jene zu ersetzen, die laufend ausgesondert wurden.[1] Von den englischen Arbeiter*innen, Männern wie Frauen, wurde erwartet, dass sie das Proletariat im Überfluss produzierten, und dabei spielte ihr „moralisches Verhalten" keine große Rolle. Es wurde sogar erwartet, dass in den Schlafsälen der Slums von Glasgow und New York, wo die Arbeiter*innen die wenigen Stunden verbrachten, die sie nicht in der Fabrik waren, Promiskuität an der Tagesordnung stand. Es wurde auch erwartet, dass die Arbeiterinnen in England und den Vereinigten Staaten zwischen der Fabrikarbeit und der Prostitution, die in diesen Ländern in Folge der beginnenden Industrialisierung explosionsartig zunahm, entweder hin und her wechselten oder sie integrierten.[2]

1 Es ist bezeichnend, dass beispielsweise in den Vereinigten Staaten während des 19. Jahrhunderts das gesetzliche Schutzalter für Mädchen bei zehn Jahren lag.

2 Es ist unbestritten, dass die niedrigen Löhne der Frauen und die promiskuitive Mischung der Geschlechter in den Slums nicht der Hauptgrund für die „Explosion" der Prostitution während der ersten Phase der Industrialisierung in England waren. William Acton schreibt in seinem berühmten Werk über die Prostitution dazu: „Viele Frauen (…) füllen die Reihen der Prostitution aufgrund dessen, weil sie der Versuchung besonders ausgesetzt sind. Das sind vor allem Schauspielerinnen, Hutmacherinnen, Verkäuferinnen, Hausangestellte und jene, die in der Fabriken oder in der Landwirtschaft arbeiten. (…) Es ist beschämend, aber nichtsdestoweniger wahr, dass der geringe Lohn, den die Frauen in diesen Berufen bekommen, ein ergiebige Quelle der Prostitution ist." (Acton 1857: 129) Es ist nicht überraschend, dass in den bürgerlichen

Erst in der zweiten Hälfte des 19. Jahrhunderts kam es zu ersten Veränderungen, als unter dem Druck der Kämpfe der Arbeiter*innen eine Umgestaltung der Produktion vonstatten ging, die einen anderen Typus von Arbeiter*in verlangte und damit auch eine Veränderung im Prozess der Reproduktion nötig machte. Der Übergang von der Leicht- zur Schwerindustrie, von mechanischen Geräten zur Dampfmaschine, von der Kleidungsproduktion zur Kohle- und Stahlproduktion verlangte nach Arbeiter*innen, die weniger ausgemergelt, weniger anfällig für Krankheiten und in der Lage waren, die anstrengenden Arbeitsabläufe der Schwerindustrie durchzuhalten. In diesem Zusammenhang ersann die Kapitalistenklasse, die sich sonst der hohen Sterblichkeitsrate der Industriearbeiter*innen gegenüber gleichgültig zeigte, eine neue Strategie der Reproduktion. Sie erhöhte den Lohn der Männer und schickte die proletarischen Frauen nach Hause, während zugleich die Intensität der Fabrikarbeit gesteigert wurde, die von den Lohnarbeitern, die nun besser reproduziert wurden, auch geleistet werden konnte.

Hand in Hand mit der Einführung des Taylorismus und einer neuartigen Reglementierung des Arbeitsprozesses erlebten wir in der zweiten Hälfte des 19. Jahrhunderts eine Reform der Familie der Arbeiter*innenklasse, in deren Mittelpunkt die Durchsetzung einer neuen häuslichen Rolle für die Frau stand, wodurch sie die Produktion einer qualifizierteren Arbeitskraft garantieren sollte. Das bedeutete, dass die Frauen dazu gebracht werden mussten, sich nicht nur fortzupflanzen,

Familien das promiskuitive oder „unmoralische“ Verhalten von Frauen lange Zeit als eine Form der Abwertung sanktioniert wurde. „Sich wie eine dieser Frauen zu verhalten“, bedeutete, sich wie eine proletarische Frau, wie eine Frau der „unteren Klassen“ zu verhalten.

um die Reihen der Arbeiter*innen wieder zu füllen, sondern auch die alltägliche Reproduktion der Arbeiter zu gewährleisten, indem ihnen die physischen, emotionalen und sexuellen Dienste zur Verfügung gestellt werden, die es zum Erhalt ihrer Arbeitsfähigkeit braucht.

Wie bereits erwähnt, wurde die Reorganisation der Arbeit in England zwischen 1850 und 1880 von der Notwendigkeit diktiert, eine gesündere, diszipliniertere und produktivere Arbeitskraft zu schaffen, und die Welle der Organisierung, welche die Arbeiter*innen erreicht hatte, zu brechen. Darüber hinaus hatte

man die Erfahrung gemacht, dass die Anwerbung von Frauen für die Fabriken ihre Bereitschaft und auch ihre Fähigkeit, Reproduktionsarbeit zu leisten, in einem solchen Ausmaß ruiniert hatte, dass die Reproduktion der englischen Arbeiter*innenklasse ernsthaft auf dem Spiel stand, falls nicht bald Abhilfe geschaffen würde. Es genügt, die Berichte der von der Regierung eingesetzten Fabrikinspektoren zwischen 1840 und 1880 zu lesen, die regelmäßig über das Verhalten der Fabrikarbeiterinnen berichteten, um zu erkennen, dass es bei den Veränderungen des reproduktiven Regimes um viel mehr ging als bloß um die Gesundheit oder die Kampfbereitschaft des männlichen Teils der Arbeiter*innenklasse.

Die Fabrikarbeiterinnen waren undiszipliniert, kümmerten sich nicht um Hausarbeit, Familie und Moral. Sie waren nicht davon abzubringen, sich in den wenigen freien Stunden, die ihnen zur Verfügung standen, zu amüsieren, immer bereit, sich außer Haus, auf der Straße oder in einer Bar herumzutreiben, um wie die Männer zu rauchen und zu trinken. Sie hatten sich, verheiratet oder nicht, von ihren Kindern entfremdet, und waren in den Augen der Bourgeoisie eine Gefahr für die Produktion einer zuverlässigen Arbeiter*innenschaft, weshalb sie gezähmt werden mussten. Das war der Hintergrund, warum die „Domestizierung“ der Familien aus der Arbeiter*innenklasse und die Schaffung der proletarischen Vollzeithausfrau Ziel staatlicher Politik wurde, die zugleich eine neue Form der Kapitalakkumulation einleitete.

Als hätten sie früher von der Realität des Lebens in den Fabriken nichts gewusst, wetterten in den 1850er-Jahren plötzlich Heerscharen von Reformern gegen die vielen Stunden, die die Frauen außerhalb ihres Heims zubringen mussten, und man schaffte durch entsprechende „Arbeitsschutzgesetze“ zunächst die Nachtarbeit für Frauen ab und verdrängte später die verheirateten Frauen aus den Fabriken, damit man sie zu „Heimchen am Herd“ umerziehen konnte, die in der Kunst der Geduld und der Unterordnung geübt waren, zumal die Arbeit, für die sie nun bestimmt waren, nicht bezahlt werden sollte.

Die Idealisierung der „weiblichen Tugenden“, die bis zur Jahrhundertwende den Frauen der Mittel- und Oberklasse vorbehalten war, wurde nun auf die Frauen der Arbeiter*innenklasse ausgedehnt, um die von ihnen erwartete unbezahlte Arbeit unsichtbar zu machen. Es ist nicht verwunderlich, dass wir in dieser Zeit eine ideologische Kampagne beobachten können, in der Arbeiter*innenklasse die Ideale von Mutterschaft und Liebe zu propagieren, verstanden als Fähigkeit zur absoluten Selbstaufopferung. Fantine, die Mutter und Prostituierte aus *Les Misérables*, die ihre Haare und zwei Zähne verkauft, um ihr kleines Kind zu versorgen, verkörpert dieses Ideal. Die „Liebe in der Ehe“ und der „Mutterinstinkt“ sind die Themen, die zusammen mit den Klagen über die schädlichen Folgen der Fabrikarbeit für die Moral und die reproduktive Rolle der Frau den Diskurs der viktorianischen Reformer bestimmen.

Die Hausarbeit zu reglementieren, wäre aber nicht möglich gewesen, ohne die Sexarbeit zu reglementieren. Wie bei der Hausarbeit war die Sexualpolitik des Kapitals und des Staates in dieser Phase dadurch charakterisiert, dass die Grundsätze, die bereits das Sexualverhalten der Frauen in den bürgerlichen Familien bestimmten, auf die proletarischen Frauen ausgedehnt wurden. Zuallererst wurde geleugnet, dass die weibliche Sexualität eine Quelle des Lustgewinns und des finanziellen Vorteils für Frauen sein könnte. Um die Fabrikarbeiterin/Prostituierte – in beiden Fällen eine entlohnte Arbeiterin – in eine nicht-ent-

lohnte Mutter/Ehefrau zu verwandeln, die bereit ist, ihre eigenen Interessen und Wünsche dem Wohlergehen ihrer Familie zu opfern, war es zuallererst notwendig, die Rolle der Mutter von jedem erotischen Element „zu reinigen".

Das bedeutete, dass die Mutter/Ehefrau das Vergnügen der „Liebe" nur auskosten sollte, wenn ihr Gefühl frei von jeglichem Wunsch nach Sex oder Bezahlung war. Im Hinblick auf die Sexarbeit wurde die Arbeitsteilung zwischen „Sex für Fortpflanzung" und „Sex aus Vergnügen" vertieft, und für die Frauen wurde letzteres mit asozialen Verhaltensweisen in Verbindung gebracht. Sowohl in den USA als auch in England wurden der Prostitution neue Regeln auferlegt, die darauf abzielten, „anständige Frauen" von Prostituierten zu trennen, eine Trennung, die durch die Beschäftigung von Frauen in der Fabrik zunichte gemacht worden war. William Acton, einer der Vorkämpfer der Reform in England, verwies darauf, wie schädlich die ständige Anwesenheit von Prostituierten auf öffentlichen Plätzen sei. Die von ihm angeführte Begründung spricht Bände:

> „Mein Hauptinteresse galt den Folgen, die es auf verheiratete Frauen hatte, wenn sie daran gewöhnt waren, ihre lasterhafte und verschwenderische Schwesternschaft zu sehen,

wie sie sich fröhlich zur Schau stellte, ‚erstklassig' in ihrer Sprache, und dabei die Aufmerksamkeit aller Männer auf sich zog, versorgt mit kostenlosem Alkohol, an den besten Plätzen sitzend, weit über ihrem Stand gekleidet, mit genügend Geld zum Ausgeben, und sich selbst keinen Spaß und keine Freuden verweigernd, unbelastet von häuslichen Verpflichtungen und Kindern. Was immer sich auch hinter diesem Schauspiel verbarg, diese offensichtliche Überlegenheit eins lockeren Lebens konnte dem scharfsinnigen Geschlecht nicht verborgen geblieben sein." (Acton 1857: 54)

Dazu kam eine weitere Sorge, warum er sich in dieser Frage engagierte: die Verbreitung von Geschlechtskrankheiten, insbesondere der Syphilis, im Proletariat.

„Der Leser, der ein verantwortungsbewusster Elternteil ist, muss mich zwangsläufig unterstützen, denn, wenn die von mir empfohlenen Hygienemaßnahmen umgesetzt wären, könnte man dann nicht viel sorgloser dabei zusehen, wie die Söhne sich vom Säugling bis zum Manne entwickeln? Die Politiker und Ökonomen sind schon auf meiner Seite, denn werden durch die Übel, die ich bekämpfen möchte, nicht Armee und Flotte geschwächt, die Arbeit beeinträchtigt, sogar die Bevölkerung in Mitleidenschaft gezogen?" (Acton 1857: 27)

Die Reglementierung der Prostitution bedeutete, dass die Sexarbeiterinnen medizinischen Kontrollen unterworfen wurden, wie das in Frankreich schon in der ersten Hälfte des 19. Jahrhunderts umgesetzt worden war.

Mit dieser Reglementierung, die den Staat mittels Polizei und medizinischem Personal zur direkten Kontrollinstanz der Sexarbeit machte, erleben wir die Institutionalisierung zweier getrennter, sich gegenseitig ausschließender weiblicher Figuren

und Rollen, der Prostituierten und der Mutter, das heißt, wir erleben die Institutionalisierung von Mutterschaft ohne Lust und „Lust“ ohne Mutterschaft. Die Sozialpolitik verlangte, dass Prostituierte nicht mehr Mütter würden.[3] Ihre Mutterschaft musste verheimlicht und vom Ort der Arbeit entfernt werden. In der Literatur dieser Zeit leben die Kinder der Prostituierten irgendwo auf dem Land und werden wohltätigen Pflegeeltern anvertraut. Im Gegensatz dazu wird von der Mutter, der Ehefrau, der „anständigen Frau“ erwartet, Sex als häusliche Dienstleistung zu betrachten, als eheliche Pflicht, der sie sich nicht
 entziehen kann, die ihr aber kein Vergnügen bereitet.

Der einzige Sex, der einer Mutter zugestanden wurde, ist der Sex, der durch die Ehe und die Fortpflanzung „rein“ gemacht wird, das heißt durch endlose Stunden unbezahlter Arbeit, die mit wenig Freude verrichtet wurde und immer von der Angst begleitet war, schwanger zu werden. Daher kommt das klassische Bild von der Ehefrau, die die Annäherungsversuche ihres Mannes über sich ergehen lässt, und sich hütet, in

3 Das war jedoch keine einfache Aufgabe, worüber sich auch Acton beklagte: „Prostituierte gehen nicht, wie man allgemein annimmt, elendig zugrunde. (…) Im Gegenteil. Zum größten Teil werden sie mit ihren geschundenen Körpern und unreinem Geist Ehefrauen und Mütter, während in einigen Klassen der Bevölkerung das moralische Empfinden derart verkommen ist, dass die Frauen, die davon leben, ihren Körper zu verkaufen, beinahe gleichberechtigt am gesellschaftlichen Leben teilnehmen können. Es liegt also auf der Hand, dass diese Frauen, auch wenn wir sie als Geächtete und Außenseiterinnen bezeichnen, einen überaus schlechten Einfluss auf alle Teile der Gesellschaft haben. Der moralische Schaden, den die Prostitution der Gesellschaft zufügt, ist unermesslich, und der körperliche Schaden ist mindestens ebenso groß.“ (Acton 1857: 85–85)

Widerspruch mit der Aura der Heiligkeit zu geraten, mit der die Gesellschaft sie einhüllte.

Die Arbeitsteilung zwischen Sexarbeit und Mutterschaft war jedoch nur möglich, weil das Kapital für seine Durchsetzung eine Menge an psychologischer und physischer Gewalt aufwendete. Das Schicksal der unverheirateten Mutter, die „verführt und verlassen" wurde, und die Verherrlichung der sich aufopfernden Mutter füllten die Seiten der Literatur des 19. Jahrhunderts und waren den Frauen eine ständige Warnung, das alles besser sei, als ihre „Ehre zu verlieren" und als „Hure" zu gelten. Aber die Peitsche, die am häufigsten eingesetzt wurde, um proletarische Frauen in die Schranken zu weisen, war, die Prostituierten zu zwingen, zunehmend isoliert von anderen Frauen zu leben, und sie einer ständigen staatlichen Kontrolle zu unterwerfen.

Trotz der Kriminalisierung der Prostitution wurden die Anstrengungen, eine respektable Familienform in der Arbeiter*innenklasse durchzusetzen, lange Zeit zunichte gemacht. Nur ein kleiner Teil der Arbeiter bekam einen Lohn, der hoch genug war, dass eine Familie nur von „seinem Job" überleben konnte, und Sexarbeit war für proletarische Frauen stets die am leichtesten verfügbare Einnahmequelle, wozu sie durch die Unbeständigkeit sexueller Begegnungen gezwungen wurden, die sie nicht selten alleine mit Kindern zurückließen. Es war einigermaßen ernüchternd, als man in den 1970er-Jahren in Italien feststellte, dass vor dem Ersten Weltkrieg die Väter der meisten proletarischen Kinder bei der Geburt als „nicht bekannt" eingetragen worden waren. Die Unternehmer nutzten die Armut der Frauen aus, um sie in die Prostitution zu zwingen, damit sie ihre Arbeit behalten konnten oder ihre Ehemänner nicht entlassen werden mussten.

Den „anständigen" Arbeiterinnen war immer bewusst, dass die Grenze zwischen Ehe und Prostitution, zwischen Hure und

„ehrbarer“ Frau fließend war. Proletarische Frauen wussten, dass die Ehe für eine Frau bedeutete, „tagsüber eine Dienerin und nachts eine Hure“[4] oder mit Armut konfrontiert zu sein, falls sie das Ehebett verlassen sollte. Die weibliche Sexualität als Dienstleistung zu gestalten und das Vergnügen zu negieren, hielt die Vorstellung, dass die weibliche Sexualität sündhaft sei und nur durch die Ehe und die Fortpflanzung erlöst werden könne, für lange Zeit am Leben und schuf eine Situation, in der jede Frau als potentielle Prostituierte betrachtet wurde, die ständig kontrolliert werden müsste. Das hatte zur Folge, dass vor dem Entstehen der feministischen Bewegung Generationen von Frauen ihre Sexualität als etwas Schändliches lebten und beweisen mussten, keine Prostituierten zu sein. Zugleich wurde die Prostitution, obwohl sie das Objekt gesellschaftlicher Kontrolle durch den Staat war, als notwendiger Bestandteil der Reproduktion der Arbeitskraft betrachtet, eben weil man davon ausging, dass die Ehefrau nicht in der Lage sei, die sexuellen Bedürfnisse der Ehemänner zu befriedigen.

Das erklärt, warum die Sexarbeit der erste Bereich der Hausarbeit war, der vergesellschaftet wurde. Das staatliche Bordell, die „Casa chiusa“ oder das „Maison des femmes“, war typisch für die erste Phase der vom Kapital geplanten Sexarbeit, und diese etablierte die Frau als kollektive Geliebte, die direkt oder indirekt im Dienste des Staates, des kollektiven Ehemanns und Zuhälters, steht. Abgesehen von der Ghettoisierung der Frauen, die dafür bezahlt werden, etwas zu leisten, was Millionen Frauen kostenlos zur Verfügung stellen, folgte die Vergesellschaftung der Sexarbeit den Ansprüchen produktiver Effizienz. Die für das Bordell typische Taylorisierung des Koitus

4 Mit diesen Worten beschrieb die Großmutter einer Feministin ihr Leben.

erhöhte die Produktivität der Sexarbeit erheblich. Ein preiswerter, leicht zugänglicher und staatlich geförderter Sex war ideal für einen Arbeiter, der nach einem Tag in der Fabrik oder im Büro nicht die Zeit hatte, sich nach amourösen Abenteuern umzusehen oder den Weg freiwilliger Beziehungen zu gehen.

Der Kampf gegen die Sexarbeit

Mit dem Vormarsch der Kernfamilie und der ehelichen Sexualität begann eine neue Phase in der Geschichte des Kampfes der Frauen gegen die Haus- und Sexarbeit. Die steigende Scheidungsrate zu Beginn des zwanzigsten Jahrhunderts, vor allem in den USA, in England und in der Mittelklasse, wo die Kernfamilie zuerst Einzug hielt, ist ein Beleg für diesen Kampf. William O'Neill bemerkt dazu:

> „Bis zur Mitte des neunzehnten Jahrhunderts waren Scheidungen in der westlichen Welt ein überaus seltenes Ereignis. Danach stieg die Rate derart massiv an, dass Scheidungen bis zum Ende des Jahrhunderts als bedeutendes gesellschaftliches Phänomen wahrgenommen wurden." (O'Neill 1967: 1)

Er schreibt weiter:

> „Wenn wir die viktorianische Familie als eine neue Institution verstehen (…) können wir sehen, warum die Scheidung ein notwendiger Bestandteil des Familiensystems wurde. Wenn die Familie ins Zentrum der gesellschaftlichen Organisation gestellt wird, wird ihre Intimität erdrückend, werden ihre Zwänge unerträglich und die daran gestellten Erwartungen so hoch, dass sie nicht erfüllt werden können." (O'Neill 1967: 86)

O'Neill und seine Zeitgenoss*innen waren sich sehr wohl bewusst, dass sich hinter der Krise der Familie und dem Ansturm auf Scheidungen die Rebellion der Frauen versteckte. In den Vereinigten Staaten wurde der größte Teil der Scheidungsanträge von Frauen eingebracht. Die Scheidung war aber nicht die einzige Form, wie Frauen ihrer Verweigerung der Familiendisziplin Ausdruck verliehen. Im selben Zeitraum begann die Fruchtbarkeitsrate sowohl in den USA als auch in England zu sinken. Zwischen 1850 und 1900 nahm die durchschnittliche Größe einer Familie um ein Mitglied ab. Zugleich entstand in beiden Ländern eine von der Bewegung zur Abschaffung der Sklaverei angeregte feministische Bewegung, die sich gegen die

„häusliche Sklaverei" richtete.

„Sind die Frauen schuld?" war der Titel eines Symposions über Scheidungen, das 1889 von der *North American Review* veröffentlicht wurde – und ein typisches Beispiel für den Angriff auf Frauen in dieser Zeit. Die Frauen wurden beschuldigt, habgierig oder egoistisch zu sein, zu viel von der Ehe zu erwarten, kein ausgeprägtes Verantwortungsgefühl zu haben und das Gemeinwohl ihren eigenen engstirnigen Interessen unterzuordnen. Selbst dann, wenn sie sich nicht scheiden ließen, trugen die Frauen einen täglichen Kampf gegen die Hausarbeit und die Sexarbeit aus, der oft die Form von Krankheit und Entsexualisierung annahm. Bereits 1854 schrieb Mary Nichols, eine amerikanische Ärztin und Unterstützerin der Familienreform:

> „Neunzig Prozent der Kinder, die geboren werden, waren von ihren Müttern nicht gewünscht. Eine große Zahl der zivilisierten Frauen verfügt weder über die erforderliche sexuelle noch die mütterliche Hingabe. Alle Frauen wünschen sich Liebe und Unterstützung. Sie wollen keine Kinder gebären oder Huren sein für diese Liebe oder Unterstützung. In der Ehe, wie sie heute besteht, ist der Wunsch, keine Kinder zu kriegen und sich nicht einer liebevollen

> Umarmung zu unterwerfen, so alltäglich, wie die Liebe zu den Kindern, nachdem sie geboren sind. Die Vernichtung des mütterlichen und sexuellen Instinkts der Frauen ist eine schreckliche pathologische Tatsache." (Zit. nach Cott 1972: 286)

Frauen entzogen sich den „ehelichen Verpflichtungen" und dem Risiko einer ungewollten Schwangerschaft, indem sie vorgaben, schwach oder gebrechlich zu sein oder an plötzlich auftretenden Krankheiten wie Migräne, Ohnmachtsanfällen oder Hysterie zu leiden. Dass es sich dabei nicht um „Krankheiten" im eigentlichen Sinne handelte, sondern um Formen des Widerstands gegen die Haus- und Sexarbeit, wird nicht nur daran deutlich, wie allgegenwärtig dieses Phänomen war, sondern auch an den Klagen der Ehemänner und den Moralpredigten der Ärzt*innen. R.B. Gleason, eine US-amerikanische Ärztin, beschrieb die Dialektik von Krankheit und Verweigerung sowohl aus der Perspektive der Frau als auch des Mannes einer bürgerlichen Familie der Jahrhundertwende folgendermaßen:

> „Die Frau sagt: Ich hätte niemals heiraten sollen, denn mein Leben ist eine nicht enden wollende Qual. Alleine könnte ich es wohl noch ertragen, aber der Gedanke, dass ich Jahr für Jahr Mutter derjenigen werde, die das Leid, das ich zu ertragen habe, auch auf alle Ewigkeit auf sich nehmen müssen, macht mich so unglücklich, dass ich dabei fast verrückt werde." (Zit. nach Cott 1972: 274)
>
> „Der Arzt sagt: Der Ehemann in spe sollte voller Umsicht die schöne, aber zerbrechliche Frau seiner Wahl beschützen, er sollte die Frau seiner Jugend zärtlich umsorgen, wenn sie ständig unter Schmerzen leidet und frühzeitig altert, und trotzdem verfügt er über keine Mitstreiterin, niemanden, der ihm zusätzliche Freude beschert oder die

Mühen des Lebens leichter macht. Manch kranke Frau wird selbstsüchtig und vergisst, dass in einer Partnerschaft auch andere leiden, wenn sie leidet. Jeder aufrichtige Ehemann, der eine kranke Frau hat, hat nur mehr ein halbes Leben." (Zit. nach Cott 1972: 274)

„Der Ehemann sagt: Kann sie jemals gesund werden?" (Zit. nach Cott 1972: 274)

Wenn sie nicht krank wurden, wurden die Frauen frigide oder verfielen, in den Worten von Mary Nichols, in einen „apathischen Zustand, der sie zu keiner körperlichen Vereinigung be-

wegen konnte." (Zit. nach Cott 1972: 286) Im Kontext einer Sexualdisziplin, die vor allem Frauen aus der Mittelschicht die Kontrolle über ihr Sexleben verwehrte, waren Frigidität und die Zunahme körperlicher Beschwerden wirksame Formen der Verweigerung, die als übertriebene Verteidigung der Keuschheit kaschiert werden konnten, also als ein Übermaß an Tugendhaftigkeit, das den Frauen erlaubte, den Spieß umzudrehen und sich als die wahren Hüterinnen der Sexualmoral zu inszenieren. Auf diese Weise konnten die Frauen der viktorianischen Mittelschicht häufig ihre sexuellen Pflichten besser verweigern, als das für ihre Enkeltöchter möglich war. Nachdem Frauen die Sexarbeit über Jahrzehnte verweigert hatten, wurden Psychologen, Soziologen und andere „Experten" klüger. Mittlerweile wird geradezu eine Kampagne geführt, um der „frigiden Frau" ein schlechtes Gewissen einzureden, nicht zuletzt mit dem Vorwurf, sie sei nicht emanzipiert.

Das Aufblühen der Sozialwissenschaften im 19. Jahrhundert muss zumindest teilweise in Verbindung mit der Krise der Familie und der Verweigerung der Frauen gesehen werden. Die Psychoanalyse entstand als Wissenschaft zur Kontrolle der Sexualität und sollte Strategien liefern, um die Familienverhältnisse zu reformieren. Sowohl in den USA als auch in England tauchten zu Beginn des 20. Jahrhunderts verschiedenste Vorschläge zur Reform der Sexualität auf. Bücher, Broschüren, Pamphlete, Essays und Traktate befassten sich mit der Familie und dem „Problem der Scheidungen" und führten nicht nur vor Augen, wie tiefgehend die Krise war, sondern auch wie sehr das Bewusstsein gestiegen war, dass es eine neue Familien- und Sexualmoral brauchte. Während also in den USA konservative Kreise die „Liga zum Schutz der Familie" gründeten und radikale Frauen sich für freie Gewerkschaften stark machten und argumentierten, dass es, um dieses System am Laufen zu halten, „notwendig wäre, dass alle Mütter das Recht auf eine staatliche Unterstützung haben müssten" (O'Neill 1967: 104), griffen auch Soziolog*innen und Psycholog*innen in die Debatte ein und meinten, das Problem sei nur wissenschaftlich zu lösen. Es war dann Sigmund Freud überlassen, den neuen Sexualkodex in ein System zu bringen. Deswegen wurde sein Werk auch in beiden Ländern so populär.

Freud und die Reform der Sexarbeit

Auf den ersten Blick scheint sich die Freudsche Theorie grundlegend mit Sexualität auseinanderzusetzen, aber sein eigentliches Anliegen war die weibliche Sexualität. Seine Arbeit war eine Reaktion darauf, dass die Frauen Hausarbeit, Fortpflanzung und Sexarbeit verweigerten. In seinen Texten wird sehr deutlich, dass ihm sehr wohl bewusst war, dass die „Krise der Familie" daher rührte, dass die Frauen ihren Job nicht machen wollten oder konnten. Darüber hinaus machte ihm die zunehmende Impotenz der Männer Sorgen, die solche Ausmaße angenommen hatte, dass er sie als eines der wichtigsten gesellschaftlichen Probleme seiner Zeit bezeichnete. Laut

Freud sei die „Übertragung femininer Anforderungen auf das Geschlechtsleben des Mannes und die Verpönung eines jeden Sexualverkehres mit Ausnahme des ehelich-monogamen" dafür verantwortlich. Er schreibt weiter: „(...) die kulturelle Sexualmoral, indem sie durch die Verherrlichung der Monogamie den Faktor der virilen Auslese lahmlegt, durch dessen Einfluß allein eine Verbesserung der Konstitution zu gewinnen sei (...)." (Freud Werke Bd. 7: 144)

Der Kampf der Frauen gegen die Sexarbeit stellte nicht nur ihre Rolle als häusliche Geliebte infrage und hatte unzufriedene

Männer zur Folge, der Kampf gefährdete auch ihre Rolle als Gebärende, was zu dieser Zeit wahrscheinlich noch wichtiger war. Freud schrieb dazu:

> „Ich weiß nicht, ob der Typus der anästhetischen Frau auch außerhalb der Kulturerziehung vorkommt, halte es aber für wahrscheinlich. Jedenfalls wird er durch die Erziehung geradezu gezüchtet, und diese Frauen, die ohne Lust empfangen, zeigen dann wenig Bereitwilligkeit, des öfteren mit Schmerzen zu gebären. So werden durch die Vorbereitung zur Ehe die Zwecke der Ehe selbst vereitelt." (Freud Werke Bd. 7: 161)

Der Freudsche Ansatz bestand darin, den Sex (wieder) in den häuslichen Arbeitstag und die häusliche Ordnung zu integrieren, um die traditionelle Rolle der Frau als Ehefrau und Mutter durch ein freieres und befriedigenderes Sexualleben auf einer solideren Grundlage wiederherzustellen. Anders gesagt: Bei Freud wird die Sexualität in den Dienst der Verstetigung der Hausarbeit gestellt und zu einem Bestandteil der Arbeit gemacht, die bald zur Pflicht wird. Sein Rezept sind eine freiere Sexualität für ein gesünderes Familienleben und eine Familie, in der sich die Frau mit ihrer Rolle als Ehefrau identifizieren kann, anstatt hysterisch und neurotisch zu werden und sich selbst nach wenigen Monaten Ehe in Frigidität zu flüchten und vielleicht noch in Versuchung zu geraten, „entartete" Erfahrungen wie die lesbische Liebe zu machen.

Seit Freud führte die sexuelle Befreiung der Frau nur zu einer weiteren Intensivierung der Hausarbeit. Das Modell der Ehefrau und Mutter, das die Psycholog*innen propagierten, war nicht mehr das der gebärenden Mutter, die für eine große Nachkommenschaft sorgt, sondern das der liebenden Ehefrau, die ihrem Ehemann mehr Vergnügen zu bereiten hatte, als es durch die einfache Penetration eines passiven oder widerstän-
digen Körpers zu erreichen war.

In den Vereinigten Staaten begann die Wiedereingliederung der Sexualität in die Hausarbeit der proletarischen Familie mit der Entstehung der „Häuslichkeit" während der „Progressive Era" und beschleunigte sich während der fordistischen Neugestaltung von Arbeit und Lohn. Das Fließband, der Tageslohn von fünf Dollar[5] und die Beschleunigung der Arbeit verlangten von den Männern, sich in der Nacht auszuruhen und nicht in den Saloons herumzulungern, weil sie ja wieder fit für einen weiteren Tag harter Arbeit sein mussten. Die rigorose Arbeitsdisziplin und die Beschleunigung, die der Taylorismus und der Fordismus in der amerikanischen Fabrik durchsetzten, erforderten eine neue Körperhygiene, eine Neuordnung der Sexualität und damit die Umgestaltung der Sexualität und des Familienlebens. Anders gesagt: Damit die Arbeiter das Fabrikregiment

5 Im Jänner 1914 kündigte Henry Ford an, dass er den Tageslohn der Arbeiter*innen in seinen Autowerken auf fünf Dollar verdoppeln würde. Damit war der (symbolische) Grundstein für den nach ihm benannten Fordismus gelegt. (Anm. des Übersetzers)

durchstehen konnten, war es notwendig, sich mit ihrem Lohn eine solidere Form der Sexualität kaufen zu können als jene, die sie durch zufällige Begegnungen in den Kneipen bekommen konnten. Das eigene Zuhause attraktiver zu gestalten, indem man die häusliche Sexarbeit neu organisierte, war unerlässlich in einer Zeit steigender Löhne, die sonst für allerlei Vergnügungen hätten ausgegeben werden können.

Hinter diesen Veränderungen steckten aber auch politische Motive. Vor allem nach dem Ersten Weltkrieg intensivierte man die Anstrengungen, die Männer aus den Kneipen zu bekommen und ins traute Heim zu schicken, weil die Kneipen nicht nur ein Zentrum der Prostitution, sondern auch eines der politischen Debatte und Organisierung waren.

Für die Hausfrauen bedeutete das, weiterhin Kinder zu gebären und sich dann auch noch Sorgen machen zu müssen, dass ihre Hüften zu breit würden – und so begann die Zeit der Diäten. Sie mussten weiterhin die Böden schrubben und das Geschirr waschen, jetzt aber mit lackierten Nägeln und Rüschen an der Schürze, und sie hatten weiterhin von Sonnenaufgang bis Sonnenuntergang zu schuften, mussten sich aber hübsch machen, um ihren Ehemann bei seiner Rückkehr angemessen willkommen heißen zu können. Das war der Moment, in dem es immer schwieriger wurde, im Bett nein zu sagen, denn das neue Credo, das in Frauenzeitschriften und Psychologieratgebern verbreitet wurde, lautete, die sexuelle Vereinigung sei für eine gut funktionierende Ehe von entscheidender Bedeutung.

Seit den 1950er-Jahren änderte sich auch die gesellschaftliche Funktion der Prostitution. Im Laufe des Jahrhunderts bediente sich der durchschnittliche amerikanische Mann zur Befriedigung seiner Bedürfnisse immer seltener der Prostitution. Wichtiger als alles andere für die Rettung der Familie war aber, dass die Frauen nur eingeschränkt Zugang zu eigenen Löhnen hatten. Trotzdem scheint in der Familie nicht alles eitel Wonne gewesen zu sein, wie wir sowohl in den Vereinigten Staaten als auch in England an der hohen Zahl von Scheidungen nach dem Zweiten Weltkrieg sehen können. Je mehr den Frauen abverlangt wurde, desto mehr nahm die Verweigerung der Frauen zu. Das war aber noch keine Verweigerung der Ehe aus eindeutig ökonomischen Gründen, sondern vielmehr eine Forderung nach höherer Mobilität innerhalb der Ehe, das heißt nach der Möglichkeit, von einem Ehemann zum anderen, wie von einem Arbeitgeber zum anderen, zu wechseln und bessere Bedingungen für die Hausarbeit zu verlangen. In dieser Zeit war der Kampf um einen Nebenjob oder um Sozialleistungen eng mit dem Kampf gegen die Familie verbunden, da die Fabrik oder das Büro für Frauen meist die einzige Alternative zur unbezahlten Hausarbeit, zur Isolation in der Familie und zur Unterordnung unter die Bedürfnisse ihrer Ehemänner darstellte. Es ist kein Zufall, dass die Männer in einem Nebenjob der Frau lange Zeit eine Vorstufe der Prostitution sahen. Der Nebenjob war, bevor die Kämpfe um Sozialleistungen zunahmen, die einzige Möglichkeit, dass Frauen überhaupt das Haus verlassen, andere Menschen treffen und einem unausstehlichen Ehemann entkommen konnten.

Schon Anfang der 1950er-Jahre wurden durch den *Kinsey-Report*[6] die Alarmglocken geläutet, denn durch diesen wurde der Widerstand der Frauen gegen ein gewisses Ausmaß der Sexarbeit

6 Als *Kinsey-Report* werden die beiden von Alfred Charles Kinsey verfassten Bücher *Sexual Behavior in the Human Male* (1948) und *Sexual Behavior in the Human Female* (1953), die für großes Aufsehen sorgten, bezeichnet. (Anm. des Übersetzers)

sichtbar. Der Report stellte fest, dass viele Frauen in den Vereinigten Staaten frigide seien, sich nicht wirklich in der Sexarbeit engagierten, sondern sich darauf beschränkten, die Bewegungen irgendwie mitzumachen. Darüber hinaus war nachzulesen, dass die Hälfte der US-amerikanischen Männer homosexuelle Beziehungen gehabt habe oder haben wollte. Eine Studie über die Ehe der US-amerikanischen Arbeiter*innenklasse, die ein paar Jahre später durchgeführt wurde, kam zu ähnlichen Ergebnissen. Auch in dieser Studie wurde festgestellt, dass ein Viertel der verheirateten Frauen den Beischlaf nur aus ehelicher Verpflichtung vollziehe und eine extrem hohe Zahl der befragten Frauen dabei keinerlei Vergnügen empfinde. (Vgl. Komarovsky 1967: 83) Zu diesem Zeitpunkt startete das Kapital in den USA eine massive Kampagne an der Sexualitätsfront, wild entschlossen, die störrische Apathie so vieler Frauen gegenüber der Sexualität mit den Waffen der Theorie und der Praxis zu brechen. Das vorherrschende Thema dieser Kampagne war die Suche nach dem weiblichen Orgasmus, der immer stärker als Prüfstein für die Vollkommenheit der ehelichen Verbindung verstanden wurde. In den 1960er-Jahren wurde der weibliche Orgasmus zum Gegenstand einer ganzen Reihe von psychologischen Studien, die in der vermeintlich epochalen Entdeckung von Masters und Johnson gipfelten, dass der weibliche Orgasmus nicht nur tatsächlich existiere, sondern sogar in verschiedenen Varianten vorkomme.[7]

Mit den Experimenten von Masters und Johnson wurde die Produktivität der von Frauen verlangten Sexarbeit auf einem sehr

7 William Howell Masters und Virginia Johnson forschten über das menschliche Sexualverhalten. Vor allem ihr 1966 erschienenes Buch *Human Sexual Response* war sehr einflussreich. (Anm. des Übersetzers)

hohen Niveau festgesetzt. Frauen waren nicht nur in der Lage, Liebe zu machen und zum Orgasmus zu kommen, sie waren dazu verpflichtet. Wenn wir das nicht schafften, waren wir keine richtigen Frauen oder, noch schlimmer: Wir waren nicht „emanzipiert". Diese Botschaft wurde uns in den 1960er-Jahren von der Kinoleinwand, aus Frauenzeitschriften und „Do-It-Yourself"-Handbüchern verkündet und lehrte uns die Stellungen, die es uns ermöglichten, zufriedenstellend zu kopulieren. Ähnliche Predigten kamen von Psychoanalytiker*innen, die die Vorstellung durchsetzten, dass „vollwertige" sexuelle Beziehungen eine Voraussetzung für das soziale und psychologische Gleichgewicht seien. In den 1970er-Jahren tauchten die ersten „Sexkliniken" und „Sexshops" auf, und das Familienleben erfuhr eine bemerkenswerte Umgestaltung. Nun wurden voreheliche und außereheliche Beziehungen legitim, es gab „offene Ehen", Gruppensex, und Selbstbefriedigung wurde akzeptiert. Für die Frauen, die selbst mit der neusten Ausgabe des Kamasutra nicht auf Touren kamen, erfand man zur Sicherheit den Vibrator.

Was bedeutete das für Frauen?

Ich will es klar und deutlich sagen: Für die Frauen von heute kann, um nichts weniger als für unsere Mütter und Großmütter, die sexuelle Befreiung nur die Befreiung vom „Sex" bedeuten, und nicht die Intensivierung der Sexarbeit.

Die „Befreiung vom Sex" meint die Befreiung von den Bedingungen, unter denen wir gezwungen sind, unsere Sexualität zu leben, die diese Handlungen in mühsame Arbeit verwandeln, voller Unklarheiten und Unfälle und nicht zuletzt unter dem Risiko, wieder schwanger zu werden, angesichts dessen, dass selbst die neuesten Verhütungsmittel ein erhebliches Risiko für die Gesundheit mit sich bringen. Solange wir unter diesen

Bedingungen leben, bringt jeder „Fortschritt" nur noch mehr Arbeit und Sorgen. Es steht außer Streit, dass es ein großer Vorteil ist, nicht von Vätern, Brüdern und Ehemännern gelyncht zu werden, wenn diese herausfinden, dass wir keine Jungfrauen mehr sind oder „untreu" waren oder uns „daneben benommen haben", auch wenn die Zahl der Frauen ständig steigt, die von ihren Partnern ermordet werden, weil sie diese verlassen wollten. Für uns bleibt die Sexualität ein Quell der Angst, da die „sexuelle Befreiung" zu einer Pflicht gemacht wurde, die wir hinnehmen müssen, wenn wir nicht als rückständig abgestem-

pelt werden wollen. Während also unsere Großmütter nach einem harten Arbeitstag sich auf ihre Migräne ausreden und in Ruhe einschlafen konnten, fühlen wir, ihre befreiten Enkeltöchter, uns schuldig, wenn wir den Sex verweigern, nicht aktiv daran teilnehmen oder ihn einfach nicht genießen können.

Zu kommen, einen Orgasmus zu haben, wurde ein derartig kategorischer Imperativ, dass es uns schwer fällt, zu sagen, dass „nichts passiert ist", und wir auf die hartnäckigen Fragen der Männer lieber mit einer Lüge antworten oder uns noch mehr anstrengen, was dazu führt, dass uns unsere Betten oft wie Turnhallen vorkommen.

Aber der Hauptunterschied ist, dass unsere Mütter und Großmütter sexuelle Dienstleistungen in der Logik des Tausches verstanden: Eine Frau geht mit dem Mann, den sie geheiratet hat, ins Bett, das heißt mit dem Mann, der ihr eine gewisse finanzielle Sicherheit versprochen hat. Heute aber arbeiten wir im Bett und in der Küche umsonst, nicht nur, weil die Sexarbeit unbezahlt ist, sondern weil wir immer öfter sexuelle Dienstleistungen erbringen, ohne dafür eine Gegenleistung zu erwarten. Das Sinnbild der emanzipierten Frau ist in der Tat die Frau, die immer verfügbar ist, im Gegenzug dafür aber nichts mehr verlangt.

Literaturverzeichnis

Acton, William: Prostitution. Hg. mit einer Einleitung von Peter Fryer, New York 1969 [1857].

Anderson, Kevin B: Marx's Late Writings on Non-Western and Societies and Gender. In: Rethinking Marxism 14, Nr. 4 (Winter 2002), 84–96.

Bebel, August: Woman under Socialism, New York 1971 [1883]. (Dt.: Die Frau und der Sozialismus, Zürich 1879.)

Blackstone, William: Commentaries on the Law of England. Oxford 1765–1770.

Bock, Gisela; Duden, Barbara: Labor of Love—Love as Labor: On the Genesis of Housework in Capitalism. In: Edith Hoshino Altback (Hg.): From Feminism to Liberation, Cambridge 1980, 153–92. (Dt.: Arbeit aus Liebe – Liebe als Arbeit: zur Entstehung der Hausarbeit im Kapitalismus, in: Berliner Dozentinnengruppe (Hg.): Frauen und Wissenschaft, Berlin 1977, 118–199.)

Bonefeld, Werner; Gunn, Richard; Holloway, John; Psychopedis, Kosmas (Hg.): Emancipating Marx: Open Marxism 3, London 1995.

Boutang, Yann Moulier: De l'esclavage au salariat: Économie historique du salariat bride, Paris 1998.

Bridenthal, Renate; Koonz, Claudia; Stuard, Susan (Hg.): Becoming Visible, Women in European History, Boston 1987.

Brown, Heather A: Marx on Gender and the Family: A Critical Study. Historical Materialism 39, London 2012.

Caffentzis, George: A Critique of ‚Cognitive Capitalism'. In: Ders.: In Letters of Blood and Fire: Work, Machines, and the Crisis of Capitalism, Oakland 2013, 95–123.

Caffentzis, George: From the Grundrisse to Capital and Beyond: Then and Now. In: Workplace: A Journal for Academic Labor Nr. 15 (September 2008), 59–74.

Chevalier, Louis: Classes laborieuses et classes dangereuses à Paris au XIX siècle, Paris 1958.

Cleaver, Harry: Introduction to Antonio Negri. In: Negri, Antonio: Marx beyond Marx, Brooklyn 1991, xix–xxvii.

Cleaver, Harry: Reading Capital Politically, Leeds 2000. (Dt.: Das Kapital politisch lesen, Wien 2011.)

Cockburn, Cynthia: The Standpoint Theory. In: Mojab, Shahrzad (Hg.): Marxism and Feminism, London 2015, 331–346.

Conner, Clifford. D: A People's History of Science: Miners, Midwives, and Low Mechanicks, New York 2005.

Custer, Peter: Capital Accumulation and Women's Labor in Asian Economies, New York 2012 [1995].

Dalla Costa, Mariarosa: Reproduction and Emigration (1974). In: Dies.: Women and the Subversion of the Community, Oakland 2019, 69–108.

Dalla Costa, Mariarosa: Women and the Subversion of the Community (1975). In: Dies.: Women and the Subversion of the Community, Oakland 2019, 18–49.

Dalla Costa, Mariarosa: Women and the Subversion of the Community: A Mariarosa Dalla Costa Reader, Oakland 2019

Dalla Costa, Mariarosa: Family Welfare and the State Between Progressivism and the New Deal, New York 2015 [1997].

Dalla Costa, Mariarosa: Capitalism and Reproduction. In: Bonefeld, et.al. (Hg.): Emancipating Marx: Open Marxism 3, London 1995, 7–16.

Dalla Costa, Mariarosa: Community, Factory and School from the Woman's Viewpoint. In: L'Offensiva, Quaderni di Lotta Femminista Nr. 1. Torino: Musolini Editore, 1972.

De Angelis, Massimo: The Beginning of History: Value Struggles and Global Capital, London 2007.

Draper, Hal: The Adventures of the Communist Manifesto, Berkeley 1998.

Eckerseley, Robyn: Socialism and Eco-centrism: Towards a New Synthesis. In: Ted Benton (Hg.): The Greening of Marxism, New York 1996, 272–97.

Engels, Friedrich. The Condition of the Working Class in England, Moscow 1980. (Dt.: Die Lage der arbeitenden Klassen in England. In: MEW 2, 225–506.)

Engels, Friedrich: Zur Wohnungsfrage. In: MEW 18, Berlin 1962, 209–287.

Fanon, Frantz: The Wretched of the Earth, New York 1986 [1961]. (Dt.: Die Verdammten dieser Erde, Frankfurt/Main 1981.)
Fauré, Christine: Political and Historical Encyclopedia of Women, New York 2003.
Federici, Silvia: War, Globalization and Reproduction. In: Revolution at Point Zero, Oakland 2020, 76–84. (Dt.: Krieg, Globalisierung und Reproduktion. In: Dies.: Revolution at Point Zero, Münster 2021, 145–158.)
Federici, Silvia: Revolution at Point Zero: Housework, Reproduction, and Feminist Struggle, Oakland 2020. (Dt.: Revolution at Point Zero. Hausarbeit, Reproduktion und feministischer Kampf, Münster 2021.)
Federici, Silvia: Feminism and the Politics of the Commons in an Era of Primitive Accumulation. In: Dies.: Revolution at Point Zero, Oakland 2020, 138–48. (Dt.: Feminismus und die Politik der Commons in Zeiten der ursprünglichen Akkumulation. In: Dies.: Revolution at Point Zero, Münster 2021, 243–258.)

Federici, Silvia: Re-enchanting the World: Feminism and the Politics of the Commons, Oakland 2019. (Dt.: Die Welt wieder verzaubern. Feminismus, Marxismus & Commons, Wien 2020.)
Federici, Silvia: Beyond the Periphery of the Skin: Rethinking, Remaking, and Reclaiming the Body in Contemporary Capitalism, Oakland 2019. (Dt.: Jenseits unserer Haut. Körper als umkämpfter Ort im Kapitalismus, Münster 2020.)
Federici, Silvia; Austin, Arlen (Hg.): The New York Wages for Housework Committee: History, Theory, Documents. 1972–1977, Brooklyn 2019.
Federici, Silvia. El Patriarcado del salario. Critica feminista al marxismo, Madrid 2018.
Federici, Silvia: Capital and Gender. In: Schmidt, Ingo; Fanelli, Carlo (Hg.): Reading Capital Today, London 2017, 79–96.
Federici, Silvia: Women, Land Struggle and the Reconstruction of the Commons! In: Working USA 14, Nr. 1 (März 2011), 41–56.
Federici, Silvia: Witch-Hunting, Globalization, and Feminist Solidarity in Africa Today. In: Journal of International Women's Studies 10, Nr. 1 (Oktober 2008), 21–35.
Federici, Silvia: Caliban and the Witch: Women, the Body and Primitive Accumulation. Brooklyn 2004. (Dt.: Caliban und die Hexe. Frauen, der Körper und die ursprüngliche Akkumulation, Wien 2017.)

Ferber, Marianne A.; Nelson, Julie N. (Hg.): Beyond Economic Man: Feminist Theory and Economics. Chicago 1993.

Ferrari Bravo, Luciano: Vecchie e nuove questioni nella teoria dell'imperialismo. In: Ders.: Imperialismo e classe operaia multinazionale, Milano 1975, 7–67.

Folbre, Nancy: Nursebots to the Rescue? Immigration, Automation, and Care. In: Globalizations 3, Nr. 3 (September 2006), 349–60.

Folbre, Nancy: Socialism, Feminist and Scientific. In: Ferber, Marianne A.; Nelson, Julie A.: (Hg.): Beyond Economic Man, Chicago 1993.

Folbre, Nancy: The Unproductive Housewife: Her Evolution in Nineteenth-Century Economic Thought. In: Signs 16, Nr. 3 (Frühjahr 1991), 463–84.

Fortunati, Leopoldina: The Arcane of Reproduction: Housework, Prostitution, Labor and Capital, Brooklyn 1995 [1981].

Foster, John Bellamy; Clark, Brett: The Robbery of Nature: Capitalism and the Ecological Rift, New York 2020.

Foster, John Bellamy: Women, Nature and Capital in the Industrial Revolution. In: Monthly Review 69, Nr. 8 (Jänner 2018), 1–25.

Foster, John Bellamy: Marx and the Rift in the Universal Metabolism of Nature. In: Monthly Review 65, Nr. 7 (December 2013), 1–19.

Foster, John Bellamy: Marx and the Environment. In: Monthly Review 47, Nr. 3 (Juli - August 1995), 108–23.

Foster, John Bellamy: Class Struggle and the Industrial Revolution: Early Industrial Capitalism in Three English Towns, London 1974.

Fourier, Charles: Design for Utopia: Selected Writings of Charles Fourier. New York 1971.

Fourier, Charles: The Utopian Vision of Charles Fourier: Selected Texts on Work, Love, and Passionate Attraction, hg. von Jonathan Beecher und Richard Bienvenu, Boston 1971.

Frank, Andre Gunder: Capitalism and Underdevelopment in Latin America, New York 1969 [1967]. (Dt.: Kapitalismus und Unterentwicklung in Lateinamerika, Frankfurt/Main 1968.)

Frisken, Amanda: Victoria Woodhull's Sexual Revolution: Political Theater and Popular Press in Nineteenth-Century America, Philadelphia 2004.

Giménez, Martha E.: Marx, Women, and Capitalist Social Reproduction: Marxist Feminist Essays, Chicago 2018.

Giménez, Martha E.: Capitalism and the Oppression of Women: Marx Revisited. In: Science and Society 69, Nr. 1 (Jänner 2005), 11–32.

Gorz, André: A Farewell to the Working Class, London 1982. (Dt.: Abschied vom Proletariat – jenseits des Sozialismus, Frankfurt am Main 1980.)
Gorz, André: Paths to Paradise: On the Liberation from Work, London 1985. (Dt.: Wege ins Paradies. Thesen zur Krise, Automation und Zukunft der Arbeit, Berlin 1983.)
Graeber, David: Fragments of an Anarchist Anthropology, Chicago 1993. (Dt.: Frei von Herrschaft. Fragmente einer anarchistischen Anthropologie, Wuppertal 2008.)
Gramsci, Antonio: Americanism and Fordism. In: Selections from the Prison Notebooks, London 1971, 277–318. (Dt.: Amerikanismus und Fordismus. In: Ders.: Gefängnishefte, Heft 22, 1999, 2071–2090.)
Granter, Edward: Critical Social Theory and the End of Work, Burlington 2009.
Guitierrez Aguilar, Raquel: Los Ritmos del Pachakuti. Levantamiento y Movilizacion En Bolivia (2000–2005), Miguel Hidalgo 2009.
Harding, Sandra; Hintikka, Merrill B. (Hg.): Discovering Reality: Feminist Perspectives on Epistemology, Metaphysics, Methodology, and Philosophy of Science, Dordrecht 1983.
Hardt, Michael; Negri, Antonio: Commonwealth, Cambridge 2009. (Dt.: Common Wealth: das Ende des Eigentums, Frankfurt/Main 2010.)
Hardt, Michael; Negri, Antonio: Multitude. War and Democracy in the Age of Empire, New York 2004. (Dt.: Multitude: Krieg und Demokratie im Empire, Frankfurt am Main 2004.)
Hardt, Michael; Negri, Antonio: Empire. Cambridge 2000. (Dt.: Empire: die neue Weltordnung, Frankfurt am Main 2002.)
Hartmann, Heidi: The Unhappy Marriage of Marxism and Feminism: Towards a More Progressive Union. In: Capital and Class 3, Nr. 2 (Sommer 1979), 1–33.
Hartsock, Nancy: The Feminist Standpoint: Developing the Ground for a Specifically Feminist Historical Materialism. In: Harding, Sandra; Hintikka, Merrill B.: Discovering Reality, Dordrecht 1983, 283–310.
Hartsock, Nancy: Feminist Theory and Revolutionary Strategy. In: Eisenstein, Zillah R. (Hg.): Capitalist Patriarchy, New York 1979, 56–77.
Haug, Frigga: The Marx within Feminism. In: Mojab, Shahrzad (Hg.): Marxism and Feminism, London 2015, 76–101.
Hayden, Dolores: The Grand Domestic Revolution: A History of Feminist Designs for American Homes, Neighborhoods and Cities, Cambridge 1985.

Henninger, Max: Poverty, Labor, Development: Towards a Critique of Marx's Conceptualizations. In: Van der Linden, Marcel; Roth, Karl Heinz (Hg.): Beyond Marx, Leiden 2014: 281–304. (Dt.: Armut, Arbeit, Entwicklung. Zur Kritik der Marxschen Begriffsbestimmungen. In: Van der Linden; Roth, Karl Heinz: Über Marx hinaus, Berlin 2009, 335–362.)

Hewitt, Margaret: Wives and Mothers in Victorian Industry: A Study of the Effects of the Employment of Married Women in Victorian Industry, London 1958.

Himes, Norman Edwin: Medical History of Contraception, New York 1970 [1936].

Hobsbawm, Eric: Industry and Empire: The Making of Modern English Society, 1759 to the Present Day. New York 1968. (Dt.: Industrie und Empire. Britische Wirtschaftsgeschichte seit 1750, Frankfurt 1969.)

Holloway, John: Crack Capitalism, London 2010. (Dt. Kapitalismus aufbrechen, Münster 2010.)

Holloway, John: Change the World without Taking Power: The Meaning of Revolution Today, London 2002. (Dt.: Die Welt verändern ohne die Macht zu übernehmen, Münster 2002.)

Holloway, John: From Scream of Refusal to Scream of Power: The Centrality of Work. In: Bonefeld, et.al. (Hg.): Emancipating Marx: Open Marxism 3, London 1995 Emancipating Marx, 155–81.

Holmstrom, Nancy: A Marxist Theory of Women's Nature. In: Holmstrom, Nancy (Hg.): The Socialist Feminist Project, New York 2002, 360–76.

Holmstrom, Nancy (Hg.): The Socialist Feminist Project: A Contemporary Reader in Theory and Politics, New York 2002.

Holocombe, Lee: Wives and Property: Reform of the Married Women's Property Law in Nineteenth-Century England, Toronto 1983.

Inman, Mary: In Woman's Defense, Los Angeles 1940.

Jackson, Stevi: Why a Materialist Feminism Is (Still) Possible. In: Women's Studies International Forum 24, Nr. 3–4 (2001), 283–293.

James, Selma: Sex, Race and Class, Bristol 1975.

Kingsnorth, Paul: One No, Many Yeses: A Journey to the Heart of the Global Resistance Movement, London 2003.

Klein, Naomi: This Changes Everything: Capitalism vs. Climate, New York 2014. (Dt.: Die Entscheidung: Kapitalismus vs. Klima, Frankfurt/Main 2015.)

Kopp, Anatole: Cittá e Rivoluzione. Architettura e Urbanistica Sovietiche degli anni Venti, hg. von E.Battisti, Milano 1972 [1967].

Kovel, Joel: On Marx and Ecology. In: Capitalism, Nature, Socialism 22, Nr. 1 (September 2011), 4–17.

Kovel, Joel: The Enemy of Nature: The End of Capitalism or the End of the World?, London 2007.

Lenin, V.I.: Zwei Taktiken der Sozialdemokratie in der demokratischen Revolution. In: Ders.: Werke, Bd. 8, 33–170.)

Levine Frader, Laura: Women in the Industrial Capitalist Economy. In: Bridenthal, Renate; Koonz, Claudia; Stuard, Susan (Hg.): Becoming Visible, Women in European History, Boston 1987, 309–31.

Lopate, Carol: Women and Pay for Housework. In: Liberation18, Nr.9 (Mai–Juni 1974), 8–11.

Lorde, Audre: The Master's Tools Will Never Dismantle the Master's House. In: Moraga, Cherríe; Anzaldua, Gloria (Hg.): This Bridge Called My Back: Writings by Radical Women of Color, New York 1983.98–101.

Lown, Judy: Women and Industrialization: Gender at Work in Nineteenth-Century England, Minneapolis 1990.

Marshall, Alfred: Principles of Economics: An Introductory Volume, London 1938 [1890].

Marx, Karl und Friedrich Engels: Marx Engels Werke (MEW) 44 Bände, Berlin 1956.

Marx-Aveling, Eleanor; Aveling, Edward: The Woman Question. Hg. von Joachim Müller und Edith Schotte, Leipzig 1986 [1886].

Meillassoux, Claude: Maidens, Meal and Money: Capitalism and the Domestic Community, Cambridge 1975.

Meyer, Ahlrich: A Theory of Defeat. Marx and the Evidence of the Nineteenth Century. In: Van der Linden, Marcel; Roth, Karl Heinz (Hg.): Beyond Marx, Leiden 2014: 258–79. (Dt.: Eine Theorie der Niederlage. Marx und die Evidenz des 19. Jahrhunderts. In: Van der Linden; Roth, Karl Heinz: Über Marx hinaus, Berlin 2009, 311–334.)

Mies, Maria. Patriarchy and Accumulation on a World Scale: Women in the International Division of Labor. London 2014 [1985].

Mies, Maria; Shiva, Vandana: Ecofeminism. London 1993.

Mojab, Shahrzad (Hg.): Marxism and Feminism, London 2015.

Moraga, Cherríe; Anzaldua, Gloria (Hg.): This Bridge Called My Back: Writings by Radical Women of Color, New York 1983.
Morgan, Lewis Henry: Ancient Society, Cambridge 1964. (Dt.: Die Urgesellschaft, Berlin 1982.)
Musto, Marcello: The Last Years of Karl Marx. An Intellectual Biography, Stanford 2020.
Negri, Antonio: Marx beyond Marx: Lessons on the Grundrisse. Hg. von Jim Fleming, Brooklyn 1991. (Dt.: Über das Kapital hinaus, Berlin 2019.)
Ollman, Bertell: Dialectical Investigations, New York 1993.
Pelz, William A.: Capital and the First International. In: Schmidt, Ingo; Fanelli, Carlo (Hg.): Reading Capital Today, London 2017, 57–78.
Pinchbeck, Ivy: Women Workers and the Industrial Revolution: 1750–1850, New York 1930.

Robinson, Cedric. J.: Black Marxism: The Making of the Black Radical Tradition, Chapel Hill 1983.
Rosdolsky, Roman: The Making of Marx's "Capital", London 1977. (Dt.: Zur Entstehungsgeschichte des Marxschen Kapital. Der Rohentwurf des Kapital 1857–1858, Frankfurt am Main / Wien 1968.)
Rosemont, Franklin: Karl Marx and the Iroquois (online: http://libcom.org/library/karl-rnarx-iroquois-franklin-rosemant)
Rowbotham, Sheila: Women, Resistance, and Revolution, New York 1974.
Rowbotham, Sheila: Woman's Consciousness, Man's World, Baltimore 1973.
Sachs, Wolfgang (Hg.): The Development Dictionary: A Guide to Knowledge as Power, London 1993.
Salleh, Ariel: Ecofeminism as Politics: Nature, Marx and the Postmodern, London 1997.
Sarkar, Saral: Eco-Socialism or Eco-Capitalism? A Critical Analysis of Humanity's Fundamental Choices, London 1999.
Seccombe, Wally: Weathering the Storm: Working-Class Families from the Industrial Revolution to the Fertility Decline, London 1993.
Seccombe, Wally: Patriarchy Stabilized: The Construction of the Male Breadwinner Wage Norm in Nineteenth-Century Britain. In: Social History 11, Nr. 1 (Jänner 1986), 11.
Seccombe, Wally: The Housewife and Her Labour under Capitalism. In: New Left Review Nr. 83 (Jänner-Februar 1974).

Shanin, Teodor: Late Marx and the Russian Road: Marx and the "Peripheries" of Capitalism, New York 1983.

Taylor, Barbara: The Men Are as Bad as Their Masters: Socialism, Feminism and Sexual Antagonism. In: Feminist Studies 5, Nr. 1 (Frühjahr 1979), 7–40.

Thompson, E.P.: Customs in Common: Studies in Traditional Popular Culture, New York 1991.

Thurton, Roderick: Marxism in the Caribbean. In: Two Lectures by Roderick Thurton: A Second Memorial Pamphlet, New York 2000.

Tomasello, Federico: L'Inizio del lavoro: Teoria politica e questione sociale nella Francia di prima metá Ottocento, Roma 2018.

Ulrich, Otto: Technology. In: Sachs, Wolfgang (Hg.): The Development Dictionary: A Guide to Knowledge as Power, London 1993, 275–287.

Van der Linden, Marcel; Roth, Karl Heinz (Hg.): Beyond Marx: Theorizing the Global Labor Relations of the Twentieth-First Century, Leiden 2014. (Dt.: Über Marx hinaus. Arbeitsgeschichte und Arbeitsbegriff in der Konfrontation mit den globalen Arbeitsverhältnissen des 21. Jahrhunderts, Berlin 2009.)

Vercellone, Carlo: From Formal Subsumption to General Intellect: Elements for a Marxist Reading of the Thesis of Cognitive Capitalism. In: Historical Materialism 15, Nr. 1 (2007), 13–36.

Vogel, Lisa: The Earthly Family. In: Radical America 7, Nr. 4–5 (Juli–Oktober 1973).

Wallach Scott, Joan: Gender and the Politics of History, New York 1988.

Weatherford, Jack: Indian Givers: How the Indians of the Americas Transformed the World, New York 1988.

Weigand, Kate: Red Feminism: American Communism and the Making of Women's Liberation, Baltimore 2001.

Worldwatch Institute: State of the World 2011: Innovations That Nourish the Planet. (online: http:// www.environmentandsociety.org/mml/state-world–2011-innovations-nourish-planet _ 2.4.2021),

Zaretsky, Eli: Socialist Politics and the Family. In: Socialist Revolution 3, Nr.19 (Jänner – März 1974).

10 jahre mandelbaum *kritik & utopie*

Silvia Federicis Standardwerk über die Zusammenhänge von Kapitalismus und der Ausbeutung des weiblichen sowie des kolonislisierten Körpers.

Bereits in 9. Auflage!

Silvia Federici
CALIBAN UND DIE HEXE
Frauen, der Körper und die ursprüngliche Akkumulation; übersetzt von Max Henninger
324 Seiten, Großformat, Euro 25,–

Federici setzt die proletarischen Kämpfe gegen die Einhegungen der Vergangenheit und der Gegenwart miteinander in Beziehung. *Commons* versteht sie dabei aber nicht als »Inseln der Glückseligen« …

Silvia Federici
DIE WELT WIEDER VERZAUBERN
Feminismus Marxismus & Commons
übersetzt von Leo Kühberger
300 Seiten, Euro 20,–

Der Grausamkeit gilt es, etwas entgegen zusetzen: eine Strategie des subversiven Ungehorsams, für die Ambivalenzen zentral sind. *Eine der wichtigsten lateinamerikanischen Intellektuellen endlich auf Deutsch!*

Rita Laura Segato
WIDER DIE GRAUSAMKEIT
Für einen feministischen und dekolonialen Weg
übersetzt von Sandra Schmidt
204 Seiten, Euro 17,–

www.mandelbaum.at